A APLICABILIDADE E A CONCRETIZAÇÃO DAS NORMAS CONSTITUCIONAIS

B595a   Bilhalva, Jacqueline Michels
A aplicabilidade e a concretização das normas constitucionais /
Jacqueline Michels Bilhalva. – Porto Alegre : Livraria do Advogado
Ed., 2005.
154 p.; 16x23 cm.

ISBN 85-7348-382-2

1. Norma constitucional. 2. Eficácia: Norma constitucional.
I. Título.

CDU - 342

Índices para o catálogo sistemático:

Norma constitucional
Eficácia: Norma constitucional

(Bibliotecária responsável: Marta Roberto, CRB-10/652)

Jacqueline Michels Bilhalva

A APLICABILIDADE E A CONCRETIZAÇÃO DAS NORMAS CONSTITUCIONAIS

livraria
DO ADVOGADO
editora

Porto Alegre, 2005

© Jacqueline Michels Bilhalva, 2005

Capa, projeto gráfico e diagramação de
Livraria do Advogado Editora

Revisão
Rosane Marques Borba

Direitos desta edição reservados por
Livraria do Advogado Editora Ltda.
Rua Riachuelo, 1338
90010-273 Porto Alegre RS
Fone/fax: 0800-51-7522
editora@livrariadoadvogado.com.br
www.doadvogado.com.br

Impresso no Brasil / Printed in Brazil

Dedico carinhosamente este livro ao Yuri,
pelo estímulo e pelo companheirismo constantes.

Agradeço à minha família, especialmente à minha mãe,
Vera, pelo apoio especial e pelo exemplo de todas as horas.

Agradeço, ainda, ao Prof. Dr. Juarez Freitas,
pela atenciosa orientação no Mestrado da PUCRS.

Prefácio

Embora Rui Barbosa não tenha sido professor em nenhuma escola jurídica, nem houvesse escrito tratado algum de Direito, segundo Pedro Lessa foi quem mais ensinou a professores, juízes e advogados, e João Mangabeira[1] sustentou que quem esclareceu maior número de questões jurídicas, de direito público e privado, particularmente de direito público. No tocante à eficácia das normas constitucionais também foi ele o primeiro a ocupar-se do tema, ao ser consultado pelo Estado do Paraná que litigava com o Estado de Santa Catarina acerca de limites territoriais.[2] O parecer, de 1915, assim pode ser resumido em seus lanços fundamentais:

> "Não estando, pois, traçadas, em parte alguma da legislação brasileira, ao Supremo Tribunal Federal as regras, a que ele deve obedecer, quando exerça o encargo constitucional de proceder à execução das sentenças proferidas nesses litígios, a questão vem a ser se lhe é lícito desempenhar essa função, e como, enquanto não existir lei, que a regule.
> Mas formular esta interrogação equivale a perguntar se todas as disposições constitucionais são executáveis independentemente de lei, que a paute, ou se, pelo contrário, algumas haverá, que, antes de lhes ser pautado em lei o exercício, não se possam exercer".

E prosseguia:

> "Nos arestos e tratados americanos é vulgar e inconcussa a noção de que, ao passo que muitas disposições constitucionais, mas são as disposições constitucionais em sua maioria, são, digamos assim, *autoexecutáveis*, isto é, se executam de si mesmas, se executam imediatamente, se executam independentemente de qualquer

---

[1] João Mangabeira, Rui o estadista da República, 1943, p. 24 e 25.
[2] Estante Clássica da Revista de Língua Portuguesa, Rui Barbosa, 1920, p. 51.

desenvolvimento legislativo (*self-executing, self-enforcing, self-acting, self-operative dispositions*), outras, primeiro que venham a entrar em ação, demandam a interferência do legislador, para se revestirem da forma prática, e terem, nos preceitos que ele ditar, um diretório geral, uniforme e permanente aos seus executores".

Depois de indicar critérios assentes pela doutrina e jurisprudência americanas, prosseguia o jurisconsulto:

"Bastaria o exame atento dos casos, que acabamos de expor, uns de preceitos constitucionais exeqüìveis *proprio-vigore*, outros de prescrições constitucionais só executáveis mediante leis suplementares, para se ver claramente por onde correm as divisas entre o território das primeiras e o das segundas. A linha que as extrema, poderia descrever-se num só traço, dizendo-se como a Suprema Corte dos Estados Unidos no caso *Davis v. Burke*, que *uma disposição constitucional é executável por si mesma, quando, completa no que determina, lhe é supérfluo o auxílio supletivo da lei, para exprimir tudo o que intenta, e realizar tudo o que exprime*".

E assim concluía o parecer que, vale repetir, é de 1915, e envolvia caso de lacuna legislativa:

"Seja qual for, pois, o aspecto, a que encaremos o assunto submetido ao nosso exame pela consulta, as conclusões, a que chegamos, são que, ante o nosso direito constitucional, com as leis atuais do processo, não tem cabimento a execução da sentença obtida por Santa Catarina contra o Paraná, e, não havendo, na lei processual existente, meio de executar os julgados desta natureza, ao Congresso Nacional compete acudir a essa lacuna da nossa organização judiciária com o remédio, não difícil, que a sua importância está exigindo, para a satisfação da justiça e o desempenho de uma das funções mais eminentes do Supremo Tribunal Federal".[3]

Como é sabido, a controvérsia foi dirimida pelo Supremo Tribunal Federal, ao julgar a ação originária n° 7, mas sua execução só foi obtida por acordo de 20 de outubro de 1916 celebrado entre os Estados litigantes, aprovado por leis de ambos os Estados, igualmente aprovado pelo Congresso Nacional, mediante o Decreto n° 3.304, de 3 de agosto de 1917, promulgo-o o Presidente Wenceslau Braz, com o referendo do Ministro da Justiça Carlos Maximiliano.[4]

---

[3] Rui Barbosa, Obras Completas, v. XLII, 1915, t. I, p. 151 a 208, n° 5, 7, 28 e 61, p. 155, 156, 174 e 208.
[4] Obras Completas de Rui Barbosa, loc. cit., p. 209 e 210.

Com as formidáveis transformações decorrentes da guerra de 1914-1918, as constituições elaboradas, a começar pela alemã de 11 de agosto de 1919 até a espanhola de 9 de dezembro de 1931, alargaram a matéria tradicionalmente reservada às leis constitucionais e com essa ampliação cresceu o número de dispositivos a demandar o socorro da lei ordinária para que viessem a ser suscetíveis de execução.

Foi o que também aconteceu com a nossa Constituição de 16 de julho de 1934, aliás, influenciada pelas constituições do primeiro pós-guerra. Ocorre que elas tiveram vida curta. Na década de 30 foi generalizada a crise de tudo e em toda parte; nunca a palavra crise foi tão escrita tantas vezes e em tantas línguas. E o certo é que, antes do início da Grande Guerra de 1939-1945 pouco restava delas. Era natural que o período entre ambas as guerras não fosse propício à reflexão dos temas suscitados pelas novas constituições, inclusive entre nós, pois já em 1937 também mergulhamos na ditadura estado-novista, que durou longos e tristes anos. Igualmente aqui, o Direito Constitucional não foi o segmento mais cultivado, mesmo depois do restabelecimento da ordem democrática, até porque não desapareceram os terremotos institucionais. De qualquer sorte, longo período transcorreu e permaneceu mais ou menos solitário o parecer de Rui Barbosa.

Na regência da cátedra de Direito Constitucional da PUC de São Paulo, em que haveria de imprimir o selo de seu saber, pouco depois da Constituição de 1946, o professor José Horácio Meirelles Teixeira deu ao tema tratamento adequado. Mas suas lições, em postilhas, tiveram circulação restrita, pois só depois da morte do preclaro jurista, graças aos cuidados da professora Maria Garcia, em 1991, vieram a ter curso regular suas valiosas exposições.[5]

Em 1968, por sua vez, com sua reconhecida ilustração, as letras jurídicas ficaram a dever ao professor José Afonso da Silva a tese a cerca da "Aplicabilidade das Normas Constitucionais",[6] agora em 6ª edição, de particular importância na elucidação dos dispositivos dormentes, para repetir a sugestiva expressão de Cooley[7] e das de aplicabilidade incompleta.

Depois de tenebrosos anos de bastardia jurídica, a Constituição de 1988, como era quase inevitável, reincidiu na tentativa de dispor sobre tudo na Constituição, e numerosos dispositivos necessitados de comple-

---

5 José Horácio Meirelles Teixeira, Curso de Direito Constitucional, 1991, p. 295 a 361.
6 José Afonso da Silva, Aplicabilidade das Normas Constitucionais, 1968, passim.
7 Cooley, Constitucional Limitations, 1903, p. 121.

mentação legal foram inseridos no texto supremo; basta dizer que, segundo publicação do Ministério da Justiça, a Constituição alude expressamente a 269 leis a serem feitas, sem falar em outras 86 implicitamente dependentes de socorro da lei ordinária.

Como é sabido, pode ocorrer que uma cláusula carecedora do suplemento da lei para sua plena execução, possa produzir determinados efeitos, mais ou menos relevantes, razão pela qual é necessário examinar caso a caso as situações possíveis para dar-lhes as soluções adequadas.

Ora, isto seria o suficiente para evidenciar a importância e atualidade do tema. Enfrentou-o, corajosamente, a juíza federal no Rio Grande do Sul, Jacqueline Michels Bilhalva, em dissertação de mestrado apresentada na PUCRS; com ela obteve aprovação consagradora. É este o trabalho, ricamente fundamentado e amparado nas melhores fontes doutrinárias, com que ela toma assento vitoriosamente na cidade do Direito.

Paulo Brossard de Souza Pinto

Sumário

Introdução	13
1. Eficácia e aplicabilidade das normas constitucionais	15
1.1. Teorias da Constituição	15
1.2. Planos da existência, validade e eficácia das normas	20
2. Revisão da literatura acerca das classificações das normas constitucionais conforme o seu grau de eficácia	25
3. Reflexão sobre as classificações revisitadas	63
3.1. Enfoque das classificações sob o ponto de vista terminológico	63
3.2. Traços comuns entre as classificações e noções fundamentais	67
3.2.1. Eficácia indireta e eficácia negativa	67
3.2.2. Efeitos essenciais: suficiência e completude	70
3.2.3. Principais aspectos da eficácia e da aplicabilidade	75
3.2.4. A eficácia e a aplicabilidade das normas-princípio	75
3.2.5. Normas de eficácia contida	78
3.3. A eficácia das normas constitucionais e os conceitos jurídicos indeterminados	93
3.3.1. Noção de conceitos jurídicos indeterminados	93
3.3.2. Conceitos jurídicos indeterminados na hipótese legal	98
4. Concretização jurisdicional das normas constitucionais de eficácia contida	103
4.1. Métodos de interpretação	103
4.2. Noções sobre atualização e concretização	105
4.2.1. Noções gerais	105
4.2.2. Discricionariedade jurisdicional ?	111
4.2.3. Corrente interpretativista	120
4.2.4. Corrente não-interpretativista	120
4.2.5. Criação judicial ?	122
4.3. Limites ao processo de concretização	128
4.3.1. Limites formais	128
4.3.1.1. Passividade do julgador	128
4.3.1.2. Independência e imparcialidade dos juízes	128
4.3.1.3. Dever de fundamentação das decisões jurisdicionais	129
4.3.2. Limites materiais	130
4.3.2.1. Elementos tradicionais	131

4.3.2.1.1. Interpretações gramatical, histórica, lógica, sistemática e teleológica 131
4.3.2.1.2. Princípio da unidade da Constituição 134
4.3.2.1.3. Princípio da concordância prática 134
4.3.2.1.4. Princípio da proporcionalidade 134
4.3.2.1.5. Princípios da correção funcional e da razoabilidade . 137
4.3.2.2. Elementos do âmbito da norma e do âmbito do caso . . 138
4.3.2.2.1. Reserva da consistência 138
4.3.2.2.2. Reserva do possível 141
4.3.2.3. Elementos dogmáticos: jurisprudência e doutrina 142

Conclusão 143

Referências bibliográficas 147

Índice alfabético remissivo 153

Introdução

No início do século XX,[1] refletindo o estágio da consciência jurídica da época, conforme a qual as Constituições ocupariam um papel de destaque, e não apenas retórico, no mundo jurídico e nas relações sociais, começaram a difundir-se estudos em nível mundial sobre a eficácia das normas constitucionais, o que foi impulsionado pela idéia de que todas as normas constitucionais seriam dotadas de eficácia, e não apenas aquelas relativas à organização do Estado.[2]

No Brasil, em 1915, com inspiração na doutrina norte-americana, Ruy Barbosa foi o primeiro doutrinador a examinar essa problemática mediante a classificação e a análise das normas constitucionais segundo o grau de eficácia. A partir de sua obra, surgiram novas e valiosas contribuições doutrinárias, podendo-se dizer que, em 1967, a publicação da primeira edição da monografia de José Afonso da Silva intitulada *Aplicabilidade das normas constitucionais* teve uma importância significativa ao formular uma classificação tripartite das normas constitucionais segundo o grau de eficácia. Tanto para aqueles que passaram a aceitar a classificação tripartite, como para aqueles que continuaram adotando a classificação dúplice, as idéias de José Afonso da Silva têm fomentado o debate jurídico até hoje[3] dotando-o de originais e substanciosos elementos para reflexão e amadurecimento.

De acordo com os limites de indagação fixados por José Afonso da Silva na colocação do tema de sua monografia, consubstanciados, por um lado, na ponderação da ordem social, dos precedentes históricos

---

[1] Notadamente com o caso Davis v. Burke decidido pela Suprema Corte dos Estados Unidos em 1900, ao qual, no Brasil, primeiro se reportou Ruy Barbosa, como mais adiante será mencionado.

[2] Neste ponto, impende registrar que, como será adiante abordado, o art. 178 da Constituição Federal brasileira de 1824 considerava constitucionais apenas as normas relativas aos limites e atribuições dos poderes políticos e aos direitos políticos e individuais, idéia que não foi consagrada na Constituição de 1891.

[3] Esse debate jurídico tem sido informado freqüentemente por novas e valiosas contribuições.

e dos valores que informam as normas constitucionais, bem como, por outro lado, na valorização da supremacia e superlegalidade das normas constitucionais, pode-se reconhecer em sua obra muitas das preocupações externadas por Konrad Hesse ao tratar do tema da "concretização normativa", na obra *Elementos de direito constitucional da república federal da Alemanha* (1. ed. de 1967), como também "a força normativa da Constituição", que foi objeto de uma aula proferida na Universidade de Freiburg, na Alemanha, em 1959, a qual acabou dando origem a uma monografia com o mesmo título.

Levando em conta que as preocupações relativas ao limites de indagação fixados por José Afonso da Silva – consistentes na idéia de que as normas constitucionais não poderiam ter eficácia menos efetiva e mais sujeita ao desrespeito e à inaplicabilidade, bem como na idéia de que não poderiam configurar letra morta – ainda hoje se afiguram atuais, a presente obra se propõe a estudar as normas constitucionais de eficácia contida.

Após a abordagem das noções de existência, validade e eficácia das normas de forma contextualizada na teoria hermenêutica concretizadora de Konrad Hesse, com destaque especial para a aplicabilidade como uma das faces da eficácia jurídica, realizar-se-á uma revisão da literatura mais conhecida, nacional e estrangeira, acerca das classificações das normas constitucionais segundo o seu grau de eficácia.

Com base nas classificações revisitadas, proceder-se-á a uma reflexão sobre a identificação das classificações a partir do ponto de vista terminológico, dos pontos de convergência entre as classificações, do exame dos critérios da suficiência e da completude, da peculiaridade da aplicabilidade dos princípios e da noção de conceitos jurídicos indeterminados.

Na seqüência, evidenciar-se-á a peculiaridade da concretização jurisdicional desta espécie de norma.

A concretização jurisdicional será, então, ambientada diante das principais linhas de interpretação, tecendo-se comentários sobre a discricionariedade jurisdicional e invocando-se, sobretudo, a teoria hermenêutica concretizadora de Konrad Hesse e a metódica estruturante de Friedrich Müller para se examinarem os limites formais e os limites materiais do peculiar processo de concretização jurisdicional das normas constitucionais de eficácia contida.

1. Eficácia e aplicabilidade das normas constitucionais

O exame da eficácia e da aplicabilidade das normas constitucionais pressupõe uma análise prévia das principais teorias da Constituição, bem como dos planos da existência, da validade e da eficácia das normas.

1.1. TEORIAS DA CONSTITUIÇÃO

O positivismo lógico-formal, seguindo uma linha normativa "formalista", procurava excluir do âmbito da norma qualquer dimensão valorativa; a aplicação da norma deveria compreender apenas a mera subsunção do fato à hipótese de incidência.[4]

Seguindo a linha valorativa preconizada por Ferdinand Lassalle, por Rudolf Smend, por Hermann Heller e por Erich Kaufmann, segundo a qual a essência da Constituição, consubstanciada, basicamente, no conteúdo da norma determinado pelos fatores reais de poder, formaria a Constituição real, Carl Schmitt contribuiu para a teoria material da Constituição (positivismo sociológico) ao teorizar uma distinção entre Constituição e lei constitucional, que, no seu entender, seria imprescindível ao estabelecimento de um conceito positivo de Constituição. Para Carl Schmitt, "a distinção entre Constituição e lei constitucional somente é possível, sem embargo, porque a essência da Constituição não está contida em uma lei ou em uma norma. No fundo de toda normação reside uma *decisão política do titular do poder constituinte*, quer dizer, do

---

[4] Sobre a obra de Hans Kelsen, veja-se FREITAS, Juarez. Repensando a contribuição de Hans Kelsen à teoria geral do direito. *Veritas* 38:441-449, 1993.

Povo na Democracia e do Monarca na Monarquia autêntica".[5] Para ele, a Constituição seria formada, em primeiro lugar, pelas decisões políticas fundamentais (como determinações do tipo "todo o poder emana do povo" e "o Estado é uma República"), que caracterizariam o "primeiro impulso e o propriamente positivo"[6] e seriam insuscetíveis de reforma constitucional e de suspensão ou violação durante eventual estado de exceção, como, no caso brasileiro, em se tratando das cláusulas pétreas ou sensíveis da Constituição; e isso seria, no seu entender, o que se poderia designar de maneira apropriada por meio da palavra "Constituição". Em segundo e último lugar, a Constituição seria formada de ulteriores normações, enumerações e delimitações de competências, que seriam "relativas e secundárias frente àquelas decisões"[7] políticas fundamentais, cuja singularidade externa se caracterizaria pelo direito de só poderem ser reformadas ou suprimidas mediante processo especial previsto na Constituição – sendo isso o que se deveria mais apropriadamente designar pela expressão "leis constitucionais".

Se, de um lado, a teoria normativa levada ao extremo conduziria a um "nihilismo científico-espiritual",[8] por outro lado a teoria material levada ao extremo poderia conduzir à ideologização do Direito, tendo Carl Schmitt sido muito criticado por sua manifesta simpatia pelo nacionalismo na Alemanha (nazi-fascismo), pugnando pela preponderância da esfera política sobre a normativa e pela impossibilidade de resolução de conflitos entre os poderes do Estado por uma Corte Constitucional; de sorte que para Carl Schmitt o conflito sobre o conteúdo da decisão constitucional e sobre o fundamento da decisão constitucional não seria matéria de decisão judicial, mas, sim, de decisão política.

Contrapondo-se à teoria normativa da Constituição, nomeadamente contra as reflexões realizadas por Ferdinand Lassalle em uma conferência sobre a essência da Constituição proferida na Berlim de 1862,[9]

---

[5] SCHMITT, Carl. *Teoría de la Constitución*. Madrid: Alianza Universidad Textos, 1996, p. 47.

[6] *Ibidem*, p. 48.

[7] *Ibidem*, p. 48.

[8] Conforme leciona Paulo Bonavides (*Curso de Direito Constitucional*, 7. ed., rev., atual. e ampl., São Paulo: Malheiros, 1997, p. 82), a expressão "nihilismo científico-espiritual" surgiu de uma advertência de Rudolf Smend aos "juristas esvaziadores do Estado e do Direito" na obra *Staatsrechtliche Abhandlungen and andere Aufsaetze*, Berlim, 1955, p. 131.

[9] *O que é uma Constituição?* Trad. de Hiltomar Martins de Oliveira. Belo Horizonte: Editora Líder, 2001.

Konrad Hesse[10] argumenta que a Constituição adquire força normativa na medida em que logra realizar a pretensão de eficácia, o que teria como pressuposto o reconhecimento da existência de um condicionamento recíproco entre a Constituição jurídica e a realidade político-social; de limites e possibilidades de atuação da Constituição jurídica; e dos pressupostos de eficácia da Constituição.

Para Konrad Hesse, a norma e a realidade não podem ser analisadas isoladamente, já que, no plano constitucional, seria inviável uma separação radical entre a realidade (ser) e a norma (dever ser), na medida em que "a norma constitucional não tem existência autônoma em face da realidade. A sua essência reside na sua *vigência*, ou seja, a situação por ela regulada pretende ser concretizada na realidade. Essa pretensão de eficácia (*Geltungsanspruch*) não pode ser separada das condições históricas de sua realização, que estão, de diferentes formas, numa relação de interdependência, criando regras próprias que não podem ser desconsideradas. Devem ser contempladas aqui as condições naturais, técnicas, econômicas e sociais. A pretensão de eficácia da norma jurídica somente se realizará caso leve em conta essas condições. Há de ser, igualmente, contemplado o substrato espiritual que se consubstancia num determinado povo, isto é, as concepções sociais concretas e o baldrame axiológico que influenciam decisivamente a conformação, o entendimento e a autoridade das proposições normativas".[11] Nesse compasso, a pretensão de eficácia da Constituição procuraria imprimir ordem e conformação à realidade social e política, sendo que a Constituição jurídica seria, ao mesmo tempo, determinada pela realidade e determinante da realidade, havendo entre a norma e a realidade uma relação de coordenação, de condicionamento mútuo.

Ademais, de acordo com Konrad Hesse, "somente a Constituição que se vincule a uma situação histórica concreta e suas condicionantes, dotada de uma ordenação jurídica orientada pelos parâmetros da razão, pode, efetivamente, desenvolver-se. 'A razão possui capacidade para dar forma à matéria disponível. Ela não dispõe, todavia, de força para produzir substâncias novas. Essa força reside apenas na natureza das coisas; a razão verdadeiramente sábia empresta-lhe estímulo, procurando dirigi-la. Ela mesma permanece modestamente estagnada. As Constituições não podem ser impostas aos homens tal como se enxertam rebentos em árvores. Se o tempo e a natureza não atuam previamente,

---

[10] HESSE, Konrad. *A força normativa da Constituição*. Trad. de Gilmar Ferreira Mendes. Porto Alegre: Sergio Antonio Fabris, 1991.
[11] *Op. cit.*, p. 14/15.

A aplicabilidade e a concretização das normas constitucionais

é como se se pretendesse coser pétalas com linhas. O primeiro sol do meio-dia haveria de chamuscá-las'".[12] [13]

Logo, os limites da força normativa da Constituição jurídica encontrar-se-iam na construção do Estado de acordo com a natureza singular do presente, de acordo com o princípio da necessidade, segundo o qual a força vital e a eficácia da Constituição decorreriam de sua vinculação às forças espontâneas e às tendências dominantes de seu tempo, e não de bases abstratas e teóricas desconectadas da realidade. A força normativa da Constituição jurídica teria como aptidão, como possibilidade, uma força ativa, não para realizar, por si só, o que quer que seja, mas, sim, para impor tarefas; essa força ativa expressar-se-ia devido à presença não apenas da vontade de poder (*Wille zur Macht*), como também da vontade de Constituição (*Wille zur Verfassung*).[14]

Os principais pressupostos que permitiriam à Constituição desenvolver de forma ótima a sua força normativa residiriam, de um lado, na adequação da interpretação da norma a eventual mudança nas relações fáticas, o que determinaria o que se convencionou chamar por mutação constitucional, e, de outro lado, na limitação da interpretação construtiva ao sentido da proposição jurídica, que revelaria a vontade normativa que seria insuscetível de sacrifício em face de eventual mudança fática, sendo que "se o sentido de uma proposição normativa não pode mais ser realizado, a revisão constitucional afigura-se inevitável".[15]

---

[12] Konrad Hesse (*op. cit.*, p. 78) citando Wilhelm Humboldt, *Ideen der Staatsverfassung, durch die neue französische Konstituion veranlat* (1791), Ges. Schriften, organizado pela Preussische Akademie der Wissenschaften I (1903).

[13] *Ibidem*, p. 16/17.

[14] Para Konrad Hesse (*op. cit.*, p. 11/12), essa vontade de Constituição "origina-se de três vertentes diversas. Baseia-se na compreensão da necessidade e do valor de uma ordem normativa inquebrantável, que protege o Estado contra o arbítrio desmedido e disforme. Reside, igualmente, na compreensão de que essa ordem constituída é mais do que uma ordem legitimada pelos fatos (e que, por isso, necessita de estar em constante processo de legitimação). Assenta-se também na consciência de que, ao contrário do que se dá com uma lei do pensamento, essa ordem não logra ser eficaz sem o concurso da vontade humana. Essa ordem adquire e mantém sua vigência através de atos de vontade. Essa vontade tem conseqüência porque a vida do Estado, tal como a vida humana, não está abandonada à ação surda de forças aparentemente inelutáveis. Ao contrário, todos nós estamos permanentemente convocados a dar conformação à vida do Estado, assumindo e resolvendo as tarefas por ele colocadas. Não perceber este aspecto da vida do Estado representaria um perigoso empobrecimento de nosso pensamento. Não abarcaríamos a totalidade desse fenômeno e sua integral e singular natureza. Essa natureza apresenta-se não apenas como problema decorrente dessas circunstâncias inelutáveis, mas também como problema de determinado ordenamento, isto é, como um problema normativo."

[15] *Ibidem*, p. 23.

No contexto do pensamento de Konrad Hesse, a última palavra sobre os conflitos constitucionais seria da Corte Constitucional,[16] e não do Poder Legislativo, como preconizava Carl Schmitt.

Feitas essas considerações, impende salientar que, no Brasil, o sistema constitucional contempla o princípio da inafastabilidade da jurisdição, o que significa, por um lado, que nenhuma lesão ou ameaça a direito pode ser afastada da apreciação jurisdicional, e, por outro lado, que a última palavra sobre quaisquer conflitos pertence ao Poder Judiciário, submetendo-se ao poder normativo da Constituição não apenas a sociedade como também todos os Poderes do Estado.

Assim sendo, o sistema constitucional brasileiro[17] não se compatibiliza com as teorias normativa e material da Constituição, amoldando-se, isso sim, à concepção de Konrad Hesse, o que, no exame dos planos da existência, da validade e da eficácia das normas, que passo a realizar, repercutirá sobre o plano da eficácia.

---

[16] "O significado superior da Constituição normativa manifesta-se, finalmente, na quase ilimitada competência das Cortes Constitucionais – princípio até então desconhecido –, que estão autorizadas, com base em parâmetros jurídicos, a proferir a última palavra sobre os conflitos constitucionais, mesmo sobre questões fundamentais." (Konrad Hesse, *op. cit.*, p. 28).

[17] Sobre a expressão "sistema constitucional" e teoria sistêmica Paulo Bonavides tece fecundas lições em seu *Curso de Direito Constitucional*. 7. ed., rev., atual. e ampl., São Paulo: Malheiros, 1997, p. 75-81. Também sobre este tópico Jorge Miranda em seu *Manual de Direito Constitucional*. Tomo II. 3. ed., reimp., Coimbra: Coimbra Editora, 1996, p. 223/224, desenvolve os seguintes comentários: "o Direito não é mero somatório de regras avulsas, produto de actos de vontade, ou mera concatenação de fórmulas verbais articuladas entre si. O Direito é ordenamento ou conjunto significativo e não conjução resultante de vigência simultânea; projecta-se em sistema; é unidade de sentido, é valor incorporado em regra. E esse ordenamento, esse conjunto, essa unidade, esse valor projecta-se ou traduz-se em princípios, logicamente anteriores aos preceitos. Como escreve CASTANHERA NEVES, o sistema jurídico tem a sua unidade não numa coerência conceitual, não a tem também numa norma que institua uma lógica de poder, não a tem ainda numa coordenação social de cibernética operatória, tem-na na solidariedade dialéctica com que nós, homens-pessoas em diálogo comunitário, vivemos a nossa axiológico-social realização. A unidade não é algo de que pura e simplesmente se parta ou se pré-defina como um axioma, mas algo que se postula como intenção e a que em grande medida se procurará chegar, constituindo-a. Mas, observa CANARIS, na descoberta do sistema teleológico, não se pode ficar pelas «decisões de conflitos» e de valores *singulares*, antes se devendo avançar até os valores *fundamentais* mais profundos, portanto até aos *princípios gerais* duma ordem jurídica. Só assim podem os valores singulares libertar-se do seu isolamento aparente e reconduzir-se à procurada conexão «orgânica» e só assim se obtém aquele grau de generalização sobre o qual a *unidade* da ordem jurídica se torna perceptível. O sistema define-se como uma ordem axiológica ou teleológica de princípios gerais de Direito, na qual o elemento de adequação valorativa se dirige mais à característica de ordem teleológica e o da unidade interna à característica dos princípios gerais. Os princípios não se colocam, pois, além ou acima do Direito (ou do próprio Direito positivo); também eles – numa visão ampla, superadora de concepções positivistas, literalistas e absolutilizantes das fontes legais – fazem parte do complexo ordenamental. Não se contrapõem às normas, contrapõem-se tão-somente aos preceitos; as normas jurídicas é que se dividem em *normas-princípios* e em *normas-disposições*".

1.2. PLANOS DA EXISTÊNCIA, VALIDADE E EFICÁCIA DAS NORMAS

Pois bem, por norma vigente compreende-se a norma que preenche todos os elementos constitutivos (agente, forma e objeto), é promulgada e publicada, passando a existir juridicamente e ter observância obrigatória. A vigência, portanto, está no plano da existência.

Por norma válida, compreende-se a norma que é produzida em conformidade com os requisitos estabelecidos pelo ordenamento jurídico no que diz respeito à competência, à adequação da forma, à licitude e à possibilidade do objeto. A validade, como a própria designação revela, está no plano da validade.[18]

Assim sendo, nem toda a norma existente, que entrou em vigor e integrou a ordem jurídica, é válida, a exemplo de normas inconstitucionais por inadequação da forma, já que veiculadas em lei ordinária quando deveriam ser veiculadas em lei complementar.

Por último, há ainda, o plano da eficácia da norma, o qual apresenta três dimensões: a eficácia jurídica, a eficácia social e a eficácia valorativa (legitimidade).

Eficaz juridicamente é a norma apta a produzir certos efeitos jurídicos e ser aplicada a casos concretos de maneira imediata ou não.

Eficaz socialmente (efetiva) é a norma realmente observada no plano dos fatos, plano em que, como observa Luís Roberto Barroso,[19] desempenha concretamente a sua função social aproximando o dever ser normativo ao ser da realidade social. Aliás, como assevera José Horácio Meirelles Teixeira, não se pode olvidar que "se a norma é 'dever ser', pressupõe, logicamente, a possibilidade de 'não ser'. O direito

---

[18] Embora a validade não se encontre no foco de estudo da presente dissertação, como se encontra a eficácia, cabe aqui realizar um breve comentário sobre a peculiar validade das normas constitucionais. Isto porque, considerando que a Constituição encontra-se no ápice da pirâmide de que trata Hans Kelsen, segundo a qual "a ordem jurídica não é um sistema de normas jurídicas ordenadas no mesmo plano, situadas umas ao lado das outras, mas é uma construção escalonada de diferentes camadas ou níveis de normas jurídicas" (*Teoria Pura do Direito*, trad. por João Baptista Machado, 6ª ed., São Paulo: Martins Fontes, 1998, p. 247), e levando em conta que para uma norma ser válida é preciso que busque o seu fundamento de validade em uma norma superior, naturalmente as normas infraconstitucionais têm na Constituição o seu fundamento de validade. No entanto, quanto às próprias normas constitucionais, que se encontram no ápice da pirâmide, impõe-se reconhecer, como proposto por Hans Kelsen, que existiria algo que serve de base para o ordenamento jurídico, mas que estaria fora do sistema positivo, que seria uma norma hipotética fundamental, ou seja, uma norma pressuposta no sentido de que todos "devemos conduzir-nos como a Constituição prescreve" (*Teoria Pura do Direito*, p. 225).

[19] BARROSO, Luís Roberto. *O direito constitucional e a efetividade de suas normas* – limites e possibilidades da Constituição brasileira. 5. ed., ampl. e atual. Rio de Janeiro: Renovar, 2001, p. 85.

é mandado, e seria absurdo mandar-se aquilo que só pudesse acontecer de uma só maneira, de maneira ordenada".[20]

Legitimidade (material) é a conformação do conteúdo da norma com os princípios de justiça e com aqueles que orientam a sua aplicação no sistema normativo em que se insere.

Dessa forma, eficácia jurídica consubstancia a possibilidade de a norma ser aplicada juridicamente, ou seja, a sua adequação à dimensão normativa; eficácia social consubstancia a adequação da norma à dimensão fática;[21] e legitimidade consubstancia a adequação da norma à dimensão valorativa. Daí por que a eficácia, em seu duplo aspecto, e a legitimidade normativa envolvem, no mínimo, as três dimensões a que se dedica Miguel Reale ao desenvolver a sua teoria tridimensional.[22]

Mesmo a teoria de Konrad Hesse sobre a eficácia normativa da Constituição acaba não excluindo essas três dimensões da eficácia, embora num exame apressado parecesse excluí-las. E não as exclui na medida em que parte do pressuposto de que entre a realidade e a norma haveria um condicionamento recíproco, segundo o qual, em caso de conflito entre a realidade e a norma, deveria prevalecer a norma (que não apenas seria determinada pela realidade, mas também a determinaria), ainda que mediante interpretação envolvendo mutação constitucional, desde que preservado o valor contido na disposição normativa. A teoria normativa, sim, é que acaba excluindo a eficácia social e valorativa das normas, ao passo que a teoria material, levada ao extremo, acaba excluindo a eficácia jurídica da norma. Parece, no entanto, que a conexão da norma com a realidade de que cogita Konrad Hesse não se amoldaria meramente à noção de eficácia social, razão pela qual se poderia concluir que a falta de eficácia social não afastaria a força vinculante

---

[20] TEIXEIRA, José Horácio Meirelles. *Curso de Direito Constitucional*. Org. e atual. por Maria Garcia. Rio de Janeiro: Forense Universitária, 1991, p. 292/293.

[21] De acordo com Luis María Díez-Picazo, "por eficácia das normas se entende sua aplicabilidade ou idoneidade para regular uma determinada situação subsumível no correspondente suposto de direito normativamente previsto. Neste sentido, de um modo não inteiramente preciso (cfr. *validez das normas*), se fala da eficácia constitutiva das normas, ou eficácia por antonomasia, como sinônimo de sua idoneidade para constituir situações e relações juridicamente relevantes, em definitivo, como equivalente de sua obrigatoriedade ou caráter vinculante. A eficácia neste seu significado técnico-jurídico não deve ser confundida com a efetividade ou observância prática das normas, que é um fenômeno puramente fático cujo estudo, portanto, é de índole sociológica" (*Temas Básicos de Derecho Constitucional*. Tomo I. Manuel Aragón Reyes (coord.). Madrid: Civitas, 2001, p. 266).

[22] Para Miguel Reale o Direito teria uma estrutura tridimensional, posto que o fenômeno jurídico envolveria sempre um fato subjacente, um valor que conferiria significado ao fato subjacente e uma norma que relacionaria o fato ao valor (*Lições Preliminares de Direito*. 16. ed., São Paulo: Saraiva, 1988, p. 64).

da norma, que se manteria mediante a eficácia jurídica e a eficácia valorativa, pois o que deveria ser mantido seria o sentido da proposição jurídica (a vontade normativa), o qual se afiguraria insuscetível de mudança em virtude de eventual mudança fática, o que representaria o maior limite daquilo que se convencionou chamar de mutação constitucional.

A propósito, na ótica de Regina Maria Macedo Nery Ferrari, as normas poderiam ser dotadas de eficácia jurídica e desprovidas de eficácia social sem que isso descaracterizasse o seu valor normativo, pois mesmo as normas desprovidas de eficácia social teriam existência e validade no ordenamento jurídico, podendo, após longo período de ineficácia social, virem a ser efetivamente aplicadas e observadas.[23]

Por outro lado, não se pode esquecer da relação existente entre eficácia e aplicabilidade. Isto porque toda norma seria dotada de eficácia jurídica, ainda que como limite negativo à atividade legislativa sobre o conteúdo da norma (eficácia negativa); "embora não aplicada a casos concretos", toda norma seria "aplicável juridicamente no sentido negativo".[24]

Na dicção de José Afonso da Silva, "eficácia e aplicabilidade das normas constitucionais constituem fenômenos conexos, aspectos talvez do mesmo fenômeno, encarados por prismas diferentes: aquela como potencialidade; esta como realizabilidade, praticidade".[25]

Referindo-se às lições de José Afonso da Silva, Manoel Gonçalves Ferreira Filho acrescenta que "parece decorrer dessa lição que aplicabilidade é uma conseqüência da eficácia. Seria, de certa forma, a eficácia da norma encarada do ângulo de quem deve executá-la, atuando-a concretamente, ou seja, do ângulo do juiz; enquanto a executoriedade seria a eficácia do ângulo do administrador; a exigibilidade, a eficácia do ângulo do titular do direito".[26]

Nesse sentido, nem toda norma eficaz juridicamente poderia ser aplicada pelo juiz, executada pelo administrador ou exigida pelo titular do direito se fosse desprovida de eficácia valorativa para o caso concre-

---

[23] FERRARI, Regina Maria Macedo Nery. *Efeitos da declaração de inconstitucionalidade*. 4. ed., rev., atual. e ampl., São Paulo: Editora Revista dos Tribunais, 1999, p. 55.

[24] TEMER, Michel. *Elementos de Direito Constitucional*. 11. ed., rev. e ampl., São Paulo: Malheiros, 1995, p. 25.

[25] AFONSO DA SILVA, José. *Aplicabilidade das normas constitucionais*. 3. ed., rev., ampl. e atual., São Paulo: Editora Revista dos Tribunais, 1998, p. 60.

[26] FERREIRA FILHO, Manoel Gonçalves. A aplicação imediata das normas definidoras de direitos e garantias fundamentais. *Revista da Procuradoria Geral de Justiça do Estado de São Paulo* 29:39, 1988.

to, a exemplo da aplicação de normas em benefício do administrado, mas com inobservância do princípio da supremacia do interesse público.

Feitas essas considerações, cumpre ressaltar que na presente obra será explorado o maior ou menor grau da eficácia jurídica das normas constitucionais, sobretudo das normas de eficácia contida, com vistas à sua aplicabilidade mediante concretização jurisdicional, tarefa para a qual as lições de Tércio Sampaio Ferraz Júnior, ainda que sob outra ótica, ao afirmar que a eficácia seria uma noção meramente sintática de efetividade, mostram-se proveitosas para a compreensão da noção de eficácia jurídica relevante na presente obra, especialmente ao se reportar ao relato das normas.[27]

Nessa esteira, conforme a ótica de Tércio Sampaio Ferraz Júnior, a eficácia consistiria na aptidão da norma para gerar efeitos jurídicos, independentemente da sua efetiva produção, sendo que a distinção entre as normas de eficácia limitada e contida se afiguraria relevante por envolver um dos três elementos da efetividade (o elemento pragmático), consistente na limitação da expansão da eficácia normativa, aumentando a relação metacomplementar em se tratando de normas de eficácia limitada, com imposição total de complementariedade ou de simetria, ou, de outra parte, diminuindo a relação meta complementar em se tratando de normas de eficácia contida, com imposição parcial de complementariedade ou de simetria. Portanto, em se cuidando de efetividade no sentido pragmático, importante seria a relação metacomplementar, ou seja, as condições de aplicabilidade (do ângulo do juiz), exigibilidade

---

[27] Em suas palavras, "na teoria jurídica, tradicionalmente, encontramos dois conceitos diferentes relacionados à efetividade das normas, que nem sempre são usados com a devida especificação. Do ângulo lingüístico, podemos dizer que há *concepções meramente sintáticas da efetividade*, caso em que a doutrina usa, embora com certa indecisão, o termo *eficácia*, no sentido de aptidão para produzir efeitos jurídicos por parte da norma, independentemente da sua efetiva produção. Chamemos esta noção de sintática, no sentido de que a efetividade (ou eficácia no sentido técnico) está ligada à capacidade de o relato de uma norma dar-lhe condições de atuação ou depender de outras normas para tanto. Por outro lado, há *concepções meramente semânticas da efetividade* (correspondendo ao termo alemão *Wirksamkeit*), como encontramos, por exemplo, em Kelsen, segundo as quais a norma efetiva é a cumprida e aplicada concretamente em certo grau. Chamemos esta noção de semântica, no sentido de que se estabelece como critério a relação entre o relato da norma com o que sucede na realidade referida. Do *ângulo pragmático*, há uma combinação dos sentidos anteriores. Efetiva é a norma cuja adequação do relato e do cometimento garante a possibilidade de se produzir uma heterologia equilibrada entre editor e endereçado. Este equilíbrio significa que o cometimento é tranqüilo, permanecendo em segundo plano, de tal modo que os efeitos podem ser produzidos. Ao contrário, se pelo relato se exprime mal o cometimento ou se o faz de modo limitado (a norma faz referência a sujeitos ou a condições de aplicação que ela não especifica), o seu cometimento fica intrinsecamente afetado em diversos graus. Isto, evidentemente, pode ocorrer por uma falha, mas, também, por motivo de controle, de modo intencional" (grifei) (*Teoria da norma jurídica*. 3. ed., Rio de Janeiro: Forense, 1997, p. 117/118).

(do ângulo do titular do direito) e executoriedade da norma (do ângulo do administrador).

Com efeito, a noção de eficácia ora adotada como relevante para a investigação a ser realizada na presente obra é a noção de eficácia jurídica, como aptidão para produzir efeitos, inclusive atinente ao elemento pragmático abordado por Tércio Sampaio Ferraz Júnior, que envolve a noção de relação meta complementar.[28]

Por outro lado, a presente obra também relacionará as proposições da força normativa da Constituição, segundo as lições de Konrad Hesse, aos limites e possibilidades da concretização jurisdicional das normas constitucionais de eficácia contida.

Nessa esteira, impende revisitar a literatura relativa às classificações das normas constitucionais segundo o seu grau de eficácia para, após a devida reflexão, adotar uma classificação com base na qual serão abordados alguns aspectos da concretização jurisdicional das normas constitucionais de eficácia contida.

---

[28] São elucidativas a propósito da relação meta complementar as seguintes lições de Tércio Sampaio Ferraz Júnior (*op. cit.*, p. 55/56): "sob o ponto de vista da pragmática, a descrição da ação e a descrição da condição da ação constituem o aspecto-relato da mensagem normativa. Nisto, porém, não se esgota a sua análise, pois dela fazem parte o editor e o sujeito mais a relação meta complementar que entre ambos se estabelece. A meta complementaridade se determina ao nível ou aspecto-cometimento do discurso e é prevista, a nosso ver, pelos operadores normativos. Em outras palavras, os operadores normativos têm uma dimensão pragmática além da dimensão sintática, pelas quais, não só é dado um caráter prescritivo ao discurso ao qualificar-se uma ação qualquer, mas também lhe é dado um caráter meta complementar ao qualificar a relação entre emissor e receptor. Estabelecida uma norma, o editor, ao transmitir uma mensagem, define as posições de tal modo que o endereçado *assuma* uma relação complementar (meta complementaridade). Para fazê-lo, ele pode simplesmente transmitir a mensagem ou pode, além disso, fazer um comentário sobre ela. Por exemplo: 'efetuada a prisão, a autoridade comunicará ao juiz ...' ou 'efetuada a prisão, a autoridade comunicará ao juiz ...' ou 'efetuada a prisão, a autoridade é *obrigada* a comunicar ao juiz' ou 'efetuada a prisão, a autoridade poderá comunicar ao juiz', etc. Expressões como 'é obrigado', 'está proibido', 'está permitido', sob o ponto de vista da pragmática, são *meta comunicacionais*, correspondendo a 'comentário' sobre a mensagem transmitida, no sentido de definir as relações entre as partes. Como a relação não é apenas complementar, mas imposição de complementaridade, as expressões obrigar, permitir, proibir são fórmulas digitais, pelas quais a autoridade controla as possíveis reações do endereçado à definição das respectivas posições. Existem inúmeras fórmulas deste gênero na linguagem comum e o direito se utiliza de todas elas."

2. Revisão da literatura acerca das classificações das normas constitucionais conforme o seu grau de eficácia

Embora ao comentar o art. 34, nº 33, da Constituição Federal brasileira de 1891[29] Carlos Maximiliano tenha afirmado que, assim como os norte-americanos e os argentinos, os brasileiros autorizaram o Poder Legislativo "a decretar leis e resoluções *tendentes a tornar effectivas* as atribuições longamente descriptas",[30] e tenha-se reportado a autores norte-americanos que, mais tarde, serviram de base à abordagem de Ruy Barbosa, como Cooley e Tucker, o saudoso mestre não chegou a examinar a eficácia das normas constitucionais, tampouco a mencionar ou formular uma classificação a respeito.

No entanto, pela singularidade de seu posicionamento, cumpre registrar que Carlos Maximiliano, sem empregar, à época, a expressão "lei complementar", não admitia a edição de leis regulamentadoras da Constituição[31] que, de acordo com o seu entendimento, poderiam modificar, ampliar ou restringir o sentido rigoroso do texto, com o perigo de despojarem o estatuto de sua melhor qualidade e da sua resistência ao

---

[29] Constituição Federal de 1891: "Art. 34. Compete privativamente ao Congresso Nacional: (*omissis*) 33. Decretar as leis e resoluções necessárias ao exercício dos poderes que pertencem á União".

[30] MAXIMILIANO, Carlos. Commentarios á Constituição Brasileira. Rio de Janeiro: Jacinto Ribeiro dos Santos Editor, 1918, p. 426.

[31] A propósito (*op. cit.*, p. 429) comentou que "á sombra das disposições dos ns. 33 e 34 propuzeram no Congresso leis interpretativas ou regulamentadoras da Constituição, cuja linguagem crystallina era adrede torcida e alterada no seu significado logico. Foram erros de revolucionaria, que felizmente não medraram. Não se regulamentam Constituições; nem ellas comportam leis interpretativas, salvo quando votadas com os mesmos requisitos que se exigem para reformar o código supremo".

tempo,[32] na medida em que entendia ser "lícito, e às vezes necessário, elaborar decretos destinados a fazer cumprir artigos do estatuto supremo, porém sem a pretensão de os explicar ou regulamentar",[33] salvo quando a Constituição expressamente atribuísse o poder de editar leis regulamentadoras ao legislador, a exemplo do disposto no art. 27 da Constituição Federal de 1891.[34]

Como no início do século XX o exame doutrinário no Brasil sobre a eficácia das normas constitucionais e sobre a constitucionalidade das normas estava recém iniciando, como se pode observar dos comentários de Carlos Maximiliano aos arts. 90 e 91 da Constituição de 1891[35] – tanto que, anteriormente, o art. 178 da Constituição de 1824 considerava constitucionais apenas as normas relativas aos limites e atribuições dos poderes políticos e aos direitos políticos e individuais, sendo que as demais normas poderiam ser alteradas sem formalidades especiais[36] – a posição singular de Carlos Maximiliano serviu para fomentar o início do debate jurídico sobre normas constitucionais na época.

No Brasil, em parecer proferido em 1915 em consulta do Estado do Paraná, que litigava com o Estado de Santa Catarina acerca de limites territoriais, Ruy Barbosa foi o primeiro doutrinador a classificar e a examinar as normas constitucionais conforme o seu grau de eficácia. Em seus comentários também ao art. 34 da Constituição Federal de 1891,[37] inspirando-se na jurisprudência norte-americana sobre a aplicabilidade e a eficácia das normas constitucionais, Ruy Barbosa classificou as normas constitucionais em *executáveis por si mesmas* ou, na expressão mais difundida, em *auto-executáveis*[38] e em *inexeqüíveis enquanto não legislativamente reguladas ou, na expressão mais difundida, em não auto-executáveis.*

---

[32] Maior ductibilidade que as leis ordinárias em virtude da maior generalidade de suas normas, como melhor qualidade, e rigidez constitucional, como característica de resistência ao tempo, segundo Eros Roberto Grau (*A Ordem Econômica na Constituição de 1988* – interpretação e crítica. São Paulo: Editora Revista dos Tribunais, 1990, p. 113).

[33] *Op. cit.*, p. 113.

[34] Constituição de 1891."Art. 27. O Congresso declarará, em lei especial, os casos de incompatibilidade eleitoral".

[35] *Op. cit.*, p. 800-812.

[36] *Op. cit.*, p. 810.

[37] BARBOSA, Ruy. *Commentarios á Constituição Federal Brasileira*. Vol. II. São Paulo: Livraria Acadêmica (Saraiva & Cia.), 1933. p. 477. Quanto à grafia do nome, embora muitas obras tenham sido publicadas com outra grafia e apesar do nome da respectiva fundação ser com "i" (www.fundacaocasaruibarbosa.gov.br), situações que levaram boa parte da comunidade jurídica a grafar com "i", registro que no texto deste livro se optou pela grafia com "y", porque Ruy Barbosa assim assinava.

[38] Expressão utilizada para exprimir num só vocábulo a expressão *self-executing* empregada por George F. Tucker (*Constitucional Law*, IV. D. n. 4.8, Cyclopaedia of Law and Proced).

Buscando inspiração sobretudo nas lições de George F. Tucker,[39] definiu as normas auto-executáveis como "as determinações, para executar as quaes, não se haja mister de constituir ou designar uma autoridade, nem criar ou indicar um processo especial, e aquellas onde o direito instituido se ache armado por si mesmo, pela sua propria natureza, dos seus meios de execução e preservação",[40] desde que na linguagem dos termos da norma não haja indício algum de que a matéria foi confiada à ação legislativa, reportando-se a proibições constitucionais, dentre as quais inclui as isenções ou imunidades tributárias,[41] bem como às declarações de direitos como hipóteses de normas auto-executáveis. E, mais adiante, referindo-se ao caso Davis v. Burke da Suprema Corte dos Estados (Unidos), acrescentou que "uma disposição constitucional é executável por si mesma quando, completa no que determina, lhe é supérfluo o auxilio suppletivo da lei, para exprimir tudo o que intenta, e realizar tudo o que exprime".[42]

Portanto, para Ruy Barbosa as normas auto-executáveis são aquelas que não reclamam:[43]

a) a designação de órgãos ou autoridades especiais aos quais incumba especificamente a execução da matéria que constitui o objeto da norma;

b) tampouco a criação de processos especiais de execução; e

c) tampouco integração por novas normas legisladas que lhe completem o alcance e o sentido ou especifiquem o respectivo conteúdo.[44]

Conquanto afirme que "não há, numa Constituição, clausulas, a que se deva atribuir meramente o valor moral de conselhos, avisos ou lições", assim como que "todas têm a força imperativa de regras, ditadas pela soberania nacional ou popular aos seus órgãos",[45] para Ruy Barbosa, no entanto, as disposições constitucionais são, em regra, não auto-executáveis, requerendo ação legislativa que as concretize[46] e torne efetivos os preceitos.[47]

---

[39] *Op. cit.*, nota anterior.

[40] *Op. cit.*, p. 488.

[41] Ao se reportar a certos e determinados bens que, na sua dicção, declaram-se imunes aos encargos e responsabilidades, Ruy Barbosa utiliza indistintamente os vocábulos *isenção* e *imunidade* (*op. cit.*, p. 485).

[42] *Op. cit.*, p. 492.

[43] Como já salientou José Horácio Meirelles Teixeira (*Curso de Direito Constitucional*. Org. e atual. por Maria Garcia. Rio de Janeiro: Forense Universitária, 1991, p. 301).

[44] Ruy Barbosa reportava-se a lei complementar em sentido amplo, como legislação aplicativa da Constituição, utilizando a expressão "leis orgânicas", por influência do direito francês.

[45] *Op. cit.*, p. 489.

[46] No decorrer deste trabalho e no momento adequado, a noção de "concretização legislativa" será retomada.

[47] Nesta temática, Ruy Barbosa cita as palavras de Cooley, no seu tratado *Das Limitações Constitucionaes*, segundo o qual poder-se-ia "dizer que uma disposição constitucional é auto-executá-

Na Itália, Gaetano Azzariti, que foi o primeiro Presidente Honorário da Suprema Corte de Cassação, identificava três categorias de normas constitucionais.[48]

Primeiramente, as *normas diretivas ou programáticas*, que não conteriam nenhum preceito concreto, mas ofereceriam apenas diretivas ao futuro legislador;[49] de acordo com a orientação do referido autor:

"(...) no fundo, estas normas, sob um determinado aspecto, nem são normas jurídicas verdadeiras e próprias, porque o programa que elas traçam está destinado a ser atuado pelo legislador quando as circunstâncias oferecem esta possibilidade; assim que, definitivamente, embora o valor ético e político do empenho seja inegável, a atuação concreta é deixada ao futuro legislador, que poderia também não cuidá-la absolutamente, ou fazê-la em mínima parte, e que, em todo caso, não violaria a Constituição se não o fizesse".[50]

Em segundo lugar, as *normas preceptivas de aplicação direta e imediata*, que conteriam verdadeiros e próprios comandos jurídicos.

E, por último, as *normas preceptivas de aplicação direta e mediata*, as quais, embora contendo comandos jurídicos, seriam insuscetíveis de aplicação imediata por requererem outras normas jurídicas integrativas.

Desenvolveu Gaetano Azzariti a sua abordagem a partir de uma "sentença das Seções unidas penais de 7 de fevereiro de 1948", tendo discordado da conclusão da Corte segundo a qual as normas preceptivas de aplicação direta e mediata corresponderiam à mesma categoria das normas diretivas ou programáticas, ao argumento de que as primeiras não seriam normas puramente diretivas: "elas são e continuam sendo normas preceptivas, que terão aplicação direta logo que o legislador remova o obstáculo que hoje se lhe opõe".[51] Conquanto não tenha oferecido maiores explicações quanto à sua classificação tripartite, e diversa da classificação adotada pela Suprema Corte de Cassação, não se

---

vel (*self-executing*) quando nos fornece uma regra, mediante a qual se possa fruir e resguardar o direito outorgado, ou executar o dever imposto, e que não é auto-aplicável, quando meramente indica princípios, sem estabelecer normas, por cujo meio se logre dar a esses princípios vigor de lei" (*op. cit.*, p. 489).

[48] AZZARITI, Gaetano. *Problemi attuali di Diritto Costituzionale*. Milão: Dott. A. Giuffrè, 1951, primeira seção.

[49] Gaetano Azzaritti admitia parcialmente a eficácia negativa dessas normas em relação à legislação futura (como será analisado mais adiante), mas a inadmitia totalmente em relação à legislação anterior, o que resulta claro da seguinte afirmação: "As normas pertencentes à primeira categoria não excluem normalmente, de modo absoluto, a possibilidade que sejam publicadas leis não conformes, e de qualquer maneira não atingem as leis preexistentes" (*op. cit.*, p. 103).

[50] *Ibidem*, p. 98/99.

[51] *Ibidem*, p. 101.

pode olvidar que o debate jurídico a respeito da questão estava apenas iniciando na época. De qualquer sorte, relativamente à crítica feita à classificação da Suprema Corte e à de Gaetano Azzariti no ponto em que negariam qualquer tipo de eficácia às normas diretivas ou programáticas, convém ressaltar que a negativa de juridicidade a este tipo de norma não era absoluta, tanto que o referido doutrinador asseverou que:

> "Normas deste gênero existem em todas as constituições. A opinião de que o caráter rígido destas exclui tais normas não tem fundamento. A propósito, já foi observado que os princípios constitucionais de caráter diretivo, também em um ordenamento rígido, 'permanecem diretivos e as leis deles divergentes não resultam, simplesmente por isto, inválidas', de modo que 'dizer que um ordenamento é rígido não significa dizer que as suas disposições são, da primeira à última, absolutamente inderrogáveis. A observação parece-me correta e merece manter-se presente, embora eu creia que, talvez, também a respeito deste problema, não faltem algumas divergências entre constituições rígidas e constituições flexíveis. Não significa que, nas primeiras, as normas diretivas se transformem em cogentes e que, em conseqüência, qualquer lei que dela divirja deva ser considerada inválida. *Mas se a lei, ao invés de ser apenas divergente, estivesse absolutamente em claro contraste com a norma diretiva, a ponto de anulá-la, tornando impossível sua futura atuação, talvez em uma constituição rígida, à diferença da flexível, se poderia mesmo duvidar da constitucionalidade da lei. Sob este aspecto, as assim chamadas normas diretivas assumem nas constituições rígidas um certo caráter de juridicidade que não existe nas flexíveis. Não nego que não é fácil distinguir entre os casos de simples divergência e os de claro contraste e que se tornaria ainda mais delicado avaliar se se trata de um contraste tal que torna impossível a atuação da diretiva estabelecida na Constituição; mas, já que é instituída a Corte constitucional, não se deve excluir que uma apuradíssima investigação possa ser feita por ela em qualquer caso".*[52] (grifei)

Vezio Crisafulli abordou esta temática partindo da premissa de que todas as normas constitucionais seriam dotadas de eficácia, inclusive as normas programáticas.[53] Num contraponto à doutrina italiana existente

---

[52] *Ibidem*, p. 99.
[53] Em seu livro (*La costituzione e le sue disposizioni di principio*. Milão: Dott. A. Giuffrè, 1952), Vezio Crisafulli inicialmente negou valor normativo a algumas normas programáticas, mas logo a seguir, em nota de rodapé, ratificou a sua posição (isto ainda na edição original), como se constata ao analisar o seguinte excerto de texto e a seguinte nota de rodapé: "Arrisca-se, na verdade, a entrar em um beco sem saída se não se reconhecer francamente que as disposições fundamentais

A aplicabilidade e a concretização das normas constitucionais

até então, elaborou uma classificação nova, identificando dois tipos de normas constitucionais. Primeiro, as normas constitucionais de *eficácia plena* e aplicação imediata; segundo, as normas constitucionais de *eficácia diferida*, tanto de legislação quanto programáticas. As de legislação seriam insuscetíveis de aplicação imediata porque dependeriam de legislação futura que regulamentasse os seus limites; já as programáticas, que seriam verdadeiras normas jurídicas, em oposição ao pensamento de Gaetano Azzariti, seriam preceptivas e dotadas de uma eficácia apta a paralisar os efeitos de toda e qualquer norma jurídica com ela contrastante, sendo vinculativas, obrigatórias, pelo menos para o Estado, especialmente o Legislativo, que seria o destinatário imediato da norma.[54] Segundo a sua ótica:

> "Dizer que as normas programáticas se voltam ao legislador é, pois, exato, mas apenas parcialmente exato: as normas programáticas se voltam na realidade ao Estado-sujeito, prescrevendo-lhe a continuação de certos escopos, etc, como colocando à sua atividade certos limites positivos e negativos; e em conseqüência da articulação interna do mesmo Estado, da repartição da competência entre os seus singulares órgãos e grupos de órgãos, da presença, enfim, no nosso ordenamento, do princípio da legalidade, se a eficácia das normas programáticas pode traduzir-se, em primeiro lugar e de modo especialmente evidente, na imposição de certos deveres aos órgãos legislativos porquanto concernentes ao exercício da função legislativa. O conceito pode melhor exprimir-se, evitando-se os equívocos inerentes aos problemas dos 'destinatários' da norma,[55] dizendo-se que, enquanto as normas constitucio-

---

das quais nos estamos ocupando, inclusive as programáticas, têm conteúdo e valor normativo, exceção feita apenas para algumas raríssimas que na realidade não são disposições, ou pela excessiva indeterminação da formulação – não suscetível aqui de expressar uma qualquer que seja regra de conduta, mesmo que generalíssima – ou pela irrelevância jurídica do seu objeto" (*op. cit.*, p. 36). (*) "A opinião expressa indubitavelmente no texto não nos parece mais sustentável: também as disposições citadas têm de fato conteúdo normativo, limitando – ao menos negativamente – o exercício da autoridade estatal (...)" (*op. cit.*, p. 36).

[54] Como mais adiante será analisado, com o tempo a doutrina evoluiu, especialmente a brasileira, no sentido de compreender na eficácia das normas de eficácia limitada não apenas uma eficácia negativa, relativa à legislação anterior e à legislação posterior (Gaetano Azzariti somente se referia à legislação posterior), como, também, uma eficácia positiva, de integração e interpretação.

[55] Aqui Vezio Crisafulli intenta escapar da crítica do italiano Santi Romano, que defende a idéia de que "o ordenamento jurídico não tem destinatários, e o problema continuaria até agora sem solução, porque não existiria" (*Fragmentos de un Diccionario Jurídico*. Buenos Aires: Ediciones Jurídicas Europa-América, 1964, p. 245). Isso porque as normas consubstanciariam declarações de vontade que um sujeito dirigiria a outros sujeitos, não podendo isolar-se completamente das demais normas do ordenamento jurídico, razão pela qual, a rigor, a cada tipo de norma não corresponderia uma categoria de destinatário, na medida em que as normas teriam por destinatários todos os sujeitos a respeito dos quais teriam eficácia.

nais programáticas têm por objeto um comportamento normativo dos órgãos legislativos, têm de fato por objeto um comportamento do Estado-sujeito em ordem a determinados interesses os quais as normas mesmas se referem na verdade, mas se referem de modo indireto ou mediato, promovendo a proteção e a continuidade por parte do Estado".[56]

Nesse contexto, as normas programáticas não seriam vinculativas, obrigatórias, apenas para o Legislativo, mas também para o Judiciário, em relação ao qual teriam uma eficácia indireta, interpretativa, "enquanto princípios gerais de interpretação das normas legislativas".[57] Quanto ao Executivo, porém, a eficácia das normas programáticas se aplicaria limitadamente aos atos discricionais ou à parte discricional dos atos administrativos.[58]

Vezio Crisafulli adota essa classificação até então original principalmente sob o argumento de que todas as normas constitucionais seriam preceptivas, embora algumas obrigassem todos os possíveis sujeitos vinculados pela ordenação, inclusive o próprio Estado, e outras obrigassem apenas o Estado-sujeito, não se limitando a vincular apenas o legislador. Ademais, em sua ótica de vanguarda para a época, todas as disposições de princípio, ou, noutros termos, todos os princípios constitucionais (ou princípios gerais) seriam dotados de eficácia normativa – seriam, pois, normas-princípio, que seriam dotadas de dupla eficácia: uma eficácia imediata (negativa, interpretativa e integrativa quanto ao objeto imediato da norma) e uma eficácia mediata (quanto ao objeto mediato da norma, isto é, quanto à disciplina de interesses da vida real).

Ugo Natoli,[59] por sua vez, apontou para as mesmas três categorias de normas enfocadas por Gaetano Azzariti. Por um lado, as *normas diretivas, programáticas ou de eficácia diferida*, "contendo máximas, conselhos, instruções, advertências, programas";[60] por outro lado, as normas preceptivas, que se subdividiriam em *normas preceptivas de aplicação direta e imediata*, cuja aplicação independeria de legislação futura, e em *normas preceptivas de aplicação direta e mediata*, cuja aplicação estaria condicionada à intervenção de uma legislação de exe-

---

[56] *Op. cit.*, p. 67.

[57] *Op. cit.*, p. 72.

[58] *Op. cit.*, idem.

[59] *Limiti costituzionali dell'autonomia privata nel rapporto di lavoro.* Milão: Dott. A. Giuffrè, 1955.

[60] *Op. cit.*, p. 23.

cução ulterior. De qualquer forma, na sua ótica, as normas programáticas e as normas preceptivas de aplicação direta e mediata assumiriam a mesma feição porque "o único momento relevante de tais normas deveria ser representado pela possibilidade de impedir a promulgação de novas leis discordantes. De resto, cada possibilidade de uma sua aplicação permaneceria suspensa até serem promulgadas as sucessivas disposições de execução".[61] Em se tratando de constituições rígidas, como a italiana, argumenta que mesmo as normas programáticas seriam dotadas de juridicidade, quer porque integrantes da Constituição, da qual derivam as demais normas jurídicas, quer porque, em suas palavras:

> "(...) o preceito jurídico também pode articular-se – além de numa única – numa série de proposições normativas, distintas e aparentemente autônomas, e aparecer, na sua íntima essência, apenas à luz da sua coordenação sistemática; e que, em todo o caso, não é necessário que tal preceito tenha um conteúdo concreto, regras, ou seja, uma situação bem definida e específica, podendo em vez disto mostrar-se como o critério geral ao qual deve ser adequada a regulamentação concreta de toda uma série – *a priori* indefinida – de situações particulares".[62]

Ademais, refuta a idéia de que, se as normas programáticas tivessem como único destinatário o futuro legislador, elas seriam desprovidas de validade *erga omnes*, argumentando que, de qualquer forma, elas teriam validade *erga omnes* no que tange à sua aplicação sistemática, à sua atuação como critérios gerais de interpretação e, especialmente, à sua atuação como limites específicos à própria legislação, passada ou futura, inclusive no que diz respeito à atividade dos sujeitos, públicos ou privados. Já a idéia de Vezio Crisafulli – de que as normas constitucionais programáticas não teriam o condão de ab-rogar (revogar) as normas constitucionais anteriores, visto que as normas destoantes não teriam o mesmo objeto, razão pela qual se estaria diante de uma hipótese de inconstitucionalidade superveniente – é enfocada por Ugo Natoli como uma problemática de menor importância, na medida em que ambas as conclusões chegam ao mesmo resultado prático: perda de eficácia da norma anterior.[63]

---

[61] *Op. cit.*, p. 22.

[62] *Op. cit.*, p. 24.

[63] Sobre esta questão há de ser ressaltado que a doutrina e a jurisprudência brasileiras não admitem a possibilidade de inconstitucionalidade superveniente, pois entendem tratar-se de hipótese de não-recepção, ao argumento de que a norma infraconstitucional incompatível com a nova ordem constitucional não seria nula, posto que seria compatível com a ordem constitucional vigente ao

Para Giuseppe Chiarelli, as noções de programa e de norma seriam totalmente diversas, na medida em que norma seria regra de ação e programa seria uma predeterminação de fins, consubstanciando a norma dita programática a própria negação do conceito de norma. É por isso que, sob a sua ótica, o critério mais adequado à classificação das normas constitucionais deveria fixar-se na verificação da sua qualidade de mandamentos completos, razão pela qual poder-se-ia identificar no texto constitucional três tipos de normas: *normas completas*, que conteriam inteiramente a regra jurídica; *normas dependentes de integração*; e *normas em branco*, cujo conteúdo nelas não estaria fixado, mas, sim, em outras normas a que fizessem remissão.[64]

A identificação da eficácia negativa das normas constitucionais, no Brasil, foi justamente a grande contribuição de Pontes de Miranda à classificação de Ruy Barbosa, embora a expressão "eficácia negativa" só tenha sido utilizada mais tarde, por Meirelles Teixeira. Ao comentar a Constituição Federal de 1967, Pontes de Miranda abriu um parágrafo, o de número oito, para abordar as noções de "regras jurídicas bastantes em si, regras jurídicas não-bastantes em si e regras jurídicas programáticas", afirmando, inicialmente, que "uma das classificações mais importantes, sobretudo quando se atende ao caráter social das Constituições contemporâneas, bem como ao regime de rigidez das Constituições, é a que distingue as regras jurídicas em *regras jurídicas*

---

tempo de sua edição. Nesse sentido, parece bastante elucidativo o seguinte excerto de voto proferido pelo Ministro Celso de Mello: "A validade dos atos estatais regula-se pelo ordenamento constitucional vigente ao tempo de sua formação. O tema da inconstitucionalidade envolve, por essa razão, uma questão de validade, cuja aferição deve ser examinada, originariamente, em face do ordenamento constitucional sob cuja égide foi produzido o ato do Poder Público posto sob contraste. A incompatibilidade vertical superveniente de leis ordinárias anteriores, em face de um novo ordenamento constitucional, opera a imediata revogação dos atos hierarquicamente inferiores. Esse é o pensamento dominante na doutrina constitucional brasileira (CELSO RIBEIRO BASTOS, 'Curso de Direito Constitucional', p. 116, 11ª ed., 1989, Saraiva; MARCELO NEVES, 'Teoria da Inconstitucionalidade das Leis', p. 96, 1988; PONTES DE MIRANDA, 'Comentários à Constituição de 1946, tomo VI, p. 395, 3ª ed., 1960, Borsoi). Admitir a inconstitucionalidade superveniente significaria generalizar, em caráter ordinário, a possibilidade de nulificação, também superveniente, de todos os atos estatais anteriores a uma nova Constituição, inobstante a sua plena e originária conformidade com a Lei Fundamental vigente à época de sua formação. Como sabemos, o fenômeno jurídico da nulidade superveniente descontitui, ainda que com eficácia 'ex nunc', situações jurídicas definitivamente estabelecidas. Essa situação – é preciso acentuar – decorreria, em caráter necessário, da tese que nega a eficácia derrogatória – pura e simples eficácia derrogatória – a uma nova Constituição. Trata-se de conseqüência extremamente prejudicial à própria estabilidade e segurança dos atos jurídicos, os quais, muito embora ostentando estrita compatibilidade com a Carta Política sob cuja égide foram aperfeiçoados, estariam expostos ao permanente risco de se desfazerem a qualquer instante, tornando-se írritos e nulos" (STF, Pleno, ADIQO nº 7, Rel. Min. Celso de Mello, DJU 04.09.92, p. 14.087).

[64] CHIARELLI, Giuseppe. *Elasticitá della Costituzione*. In: Studi di Diritto Costituzionale in memoria di Luigi Rossi. Milão: Dott. A. Giuffrè, 1952.

bastantes em si, regras jurídicas não bastantes em si e *regras jurídicas programáticas.* Rigorosamente, o que se deve ter em vista é a dicotomia das regras jurídicas bastantes em si e não-bastantes em si, porque tanto umas quanto as outras podem ser simplesmente programáticas".[65]

De acordo com Pontes de Miranda:

"Quando uma regra se basta, por si mesma, para sua incidência, diz-se bastante em si, *self-executing, self-acting, self-enforcing.* Quando, porém, precisam as regras jurídicas de regulamentação, porque, sem a criação de novas regras jurídicas, que as completem ou suplementem, não poderiam incidir e, pois, ser aplicadas, dizem-se não bastantes em si".[66]

Embora não aborde a causa pela qual as *regras* são bastantes em si ou não bastantes em si, limitando-se à explicação retrocitada, ao examinar os "textos constitucionais programáticos", como aqueles em que se estabelece os fins do Estado (para onde se vai e como se vai), Pontes de Miranda traz uma importante contribuição ao lecionar que:

"As regras jurídicas programáticas são suscetíveis de cogência, desde logo, se o contrário não se conclui da Constituição que as contém. Por isso mesmo, onde o princípio foi estabelecido suficientemente, se há de entender já inserto no sistema jurídico. A regra jurídica programática quase sempre está misturada a outras regras jurídicas cogentes, de modo que se há de discriminar, desde o início, o que é regra jurídica já incidente e o que é regra jurídica para ser observada pelas regras jurídicas que se formularem na matéria. Algo que era político, partidário, programático, entrou no sistema jurídico; cerceou-se, com isso, a atividade dos legisladores futuros, que, no assunto programado, não podem ter outro programa".[67]

Assim sendo, por não examinar a diferença entre auto-aplicabilidade e cogência, afirma, inicialmente, que as normas bastantes em si também podem ser programáticas. Só que o próprio Pontes de Miranda, antes de examinar essa classificação, quando abordou as noções de *direito cogente, direito dispositivo* e *direito interpretativo*, afirmou que "cogente é a regra jurídica que incide, mesmo se o interessado ou os

---

[65] MIRANDA, Pontes de. *Comentários à Constituição de 1967, com a Emenda nº 1, de 1969.* Tomo I. 2. ed., rev., São Paulo: Editora Revista dos Tribunais, 1970, p. 126.

[66] *Op. cit.,* p. 126/127.

[67] *Op. cit.,* p. 127.

interessados manifestaram vontade contrária",[68] noção essa que, por isso mesmo, não pode ser confundida com a noção de auto-aplicabilidade, a qual envolve a possibilidade de aplicação imediata da norma.

Examinando a doutrina de Ruy Barbosa e a de Pontes de Miranda, José Horácio Meirelles Teixeira[69] criticou a doutrina clássica trazendo, essencialmente, duas importantes contribuições sobre a matéria: a classificação das normas em normas de eficácia plena e em normas de eficácia limitada ou reduzida, por um lado, bem como uma releitura da eficácia mínima de toda e qualquer norma constitucional, que sempre exerceria um papel interpretativo e integrador das demais normas constitucionais, por outro lado.

Sobre a doutrina clássica dos autores e da jurisprudência dos Estados Unidos em que se baseou Ruy Barbosa, José Horácio Meirelles Teixeira tece os seguintes comentários:[70]

"1°) As expressões *auto-aplicável* e *auto-executável* dão a entender que certas normas, às quais se atribui essa qualidade, possam desde logo produzir por si mesmas, em sua aplicação, *todos os efeitos possíveis*, exaurindo-se numa plenitude de execução imediata.

Ora, isso nem sempre ocorre, pois normas existem aplicáveis, isto é, com plena eficácia jurídica, *mas que, não obstante, serão sempre suscetíveis de novos desenvolvimentos, novas aplicações à realidade político-social*, pelas leis ordinárias.[71]

2°) Inversamente, as expressões *não auto-aplicáveis* e *não auto-executáveis* podem sugerir, aos menos avisados, que das disposições constitucionais, assim catalogadas, *nada se execute*, ou melhor, *que tais disposições não produzam efeito algum, apresentem-se de eficácia jurídica absolutamente nula*, o que também constituiria grave equívoco, porque o que sempre ocorre, na realidade, é uma aplicabilidade limitada, uma eficácia relativa, parcial, vale dizer, toda norma jurídica produz sempre alguns efeitos, ainda que mui reduzidos e embora necessitando do auxílio supletivo da lei ordinária para uma eficácia plena, isto é, que corresponda a

---

[68] *Op. cit.*, p. 116/117.

[69] *Curso de Direito Constitucional.* Org. e atual. por Maria Garcia. São Paulo: Forense Universitária, 1991, Capítulo V.

[70] *Op. cit.*, p. 313-316.

[71] Quando Meirelles Teixeira utiliza as expressões 'lei ordinária', 'lei complementar' e 'lei ordinária complementar', emprega-as no sentido de leis complementares à Constituição elaboradas pelo legislador ordinário.

A aplicabilidade e a concretização das normas constitucionais

todos os seus essenciais objetivos. Logo, não se poderá negar a qualquer norma um certo grau de aplicabilidade, uma certa eficácia, e a expressão 'não auto-aplicável', evidentemente, apresenta-se absolutamente inadequada para traduzir a realidade dos fenômenos jurídicos, não correspondendo, absolutamente, à natureza e aos irrecusáveis efeitos, embora limitados, de qualquer norma constitucional.

(...) cada disposição constitucional é sempre executável por si mesma *até onde seja, realmente, suscetível de execução, e toda a dificuldade do problema reside, justamente, na determinação desse limite, na verificação de quais os efeitos parciais possíveis e imediatos, de cada norma constitucional.*

Do exposto, é fácil concluir-se que a classificação pura e simples das normas constitucionais em normas *auto-aplicáveis* e *não auto-aplicáveis* está longe de corresponder à realidade das coisas e às exigências da ciência jurídica, bem como às necessidades práticas de aplicação das Constituições, especialmente das de nossa época. Não há, na realidade, nenhuma norma jurídica totalmente sem aplicabilidade, sem eficácia, pois, como o próprio Rui já reconhecia, e hoje é corrente entre os publicistas modernos, 'não há, numa Constituição, cláusulas a que se deva atribuir meramente o valor moral de conselhos, avisos ou lições. Todas têm força imperativa de regras, ditadas pela soberania nacional ou popular aos seus órgãos' (...).

3º) O critério do caráter *completo* da norma para sua caracterização como auto-aplicável, ou auto-executável, apresenta-se, além de vago e imperfeito, de valor apenas relativo. Criticando-o, increpa-o Crisafulli de 'aproximativo e equívoco'. Além das dificuldades que, a seu ver, para a aplicação de tal critério, acarretaria a distinção necessária entre 'norma' e 'disposição' (uma norma pode resultar de várias disposições, e uma só disposição pode enunciar várias normas distintas, embora relacionadas), não se saberia, verdadeiramente, em que fazer consistir o caráter completo (*completezza*) de uma norma, pois cada norma, em um certo sentido, é incompleta, porque geral e abstrata, tanto que necessita do trabalho do intérprete para tornar-se concretamente aplicável aos casos singulares da vida real, compreendidos na respectiva categoria: haverá, assim, normas mais ou menos incompletas, ou, em outros termos, exigindo operações mais ou menos demoradas e complexas de interpretação para preencher-se o hiato que sempre separa a regra abstrata do caso historicamente individual que se trata de regular concretamente (uma norma-princípio aparecerá menos completa, ou mais incompleta, que uma norma particularíssima sobre certa espécie; um princípio geral, ainda menos completo, e assim por diante). *Reconhecemos, entretanto, a extrema severidade da crítica, pois quando se fala em norma completa, tal conceito se refere a uma aptidão da norma para significar e produzir seus efeitos essenciais, não todos os efeitos possíveis.*

4º) A teoria clássica norte-americana não nos pode fornecer uma visão ordenada e científica dos variados efeitos jurídicos das normas programáticas e das demais disposições de princípio, embora lhes reconheça, como se viu, certos efeitos, especialmente em relação à atividade legiferante das legislaturas ordinárias (...).

Aliás, as expressões 'auto-aplicável', 'não auto-aplicável' e mais que estas, as designações 'auto-executável' e 'não auto-executável', apresentam outro inconveniente: *sugerem apenas aspectos positivos da aplicação das normas programáticas e outros, de eficácia limitada, aspectos ligados apenas à execução das próprias normas, quando é certo, entretanto, como logo teremos oportunidade de verificar, que as normas programáticas, em sua quase totalidade, revestem-se ainda de uma eficácia negativa, ao se erigirem em limites ou barreiras à ação do legislador ordinário, condicionando-a a certos princípios ou diretrizes, exercendo, além disso influência também na aplicação de outras normas, através de sua eficácia interpretativa e integradora.*

Donde se conclui ser realmente exagerada a opinião daqueles que, décadas atrás, afirmavam, sem qualquer restrição, que a maioria dos dispositivos constitucionais careciam de aplicação se não viesse em seu socorro o auxílio das leis ordinárias complementares (...)". (grifei)

Após tecer esses comentários, José Horácio Meirelles Teixeira introduz uma nova posição no estudo da eficácia das normas constitucionais, passando a classificá-las em duas categorias: normas de eficácia plena e normas de eficácia limitada ou reduzida.

Por *normas de eficácia plena*[72] entende "aquelas *normas que produzem, desde o momento de sua promulgação, todos os seus efeitos essenciais, isto é, todos os objetivos especialmente visados pelo legis-*

---

[72] Ou, em outras designações mencionadas por José Horácio Meirelles Teixeira (*op. cit.*, p. 319), "dispositivos que já se oferecem como *Direito dado*', ou, ainda, normas 'preceptivas', 'diretamente preceptivas', 'direta e imediatamente preceptivas', 'operativas', 'de eficácia imediata e atual' ou de 'eficácia jurídica direta'".

lador constituinte, porque este criou, desde logo, uma normatividade para isto suficiente, incidindo direta e imediatamente sobre a matéria que lhes constitui o objeto";[73] são normas que incidem direta, imediatamente e de modo *pleno* sobre a matéria que lhes constitui o objeto.

E por *normas de eficácia limitada ou reduzida*[74] entende:

"(...) aquelas *normas que não produzem, logo ao serem promulgadas, todos os seus efeitos essenciais, porque não se estabeleceu, sobre a matéria, uma normatividade para isto suficiente, não incidindo direta e imediatamente sobre a matéria que lhes constitui o objeto*";[75] são normas que ou incidem de modo totalmente indireto e mediato, por atribuírem totalmente ao legislador ordinário a tarefa de criar a normatividade de que cogitam, ou incidem de modo parcialmente indireto e mediato, "*estabelecendo desde logo uns tantos princípios, critérios gerais ou diretrizes, mas deixando ainda todo o restante da tarefa normativa ao legislador ordinário*".[76] (grifei)

Citando Vezio Crisafulli, Meirelles Teixeira consigna que:

"(...) ao invés de regularem, desde o primeiro momento, de modo direto e imediato (e acrescentamos: *pleno*), determinadas ordens de situações e relações (às quais, entretanto, se referem), *regulam comportamentos públicos destinados, por sua vez, a incidir sobre essas matérias*: estabelecem, isso sim, aquilo que os *órgãos governamentais deverão ou poderão fazer (e, inversamente, portanto, aquilo que não poderão fazer), relativamente a determinados assuntos*".[77]

Essas normas revestir-se-iam, então, de uma *eficácia negativa*, pois estabeleceriam limites ou barreiras à ação do legislador ordinário, condicionando-a a certos princípios ou diretrizes, além de exercer in-

---

[73] *Ibidem*, p. 317.

[74] Ou, também conforme outras expressões utilizadas por José Horácio Meirelles Teixeira (*op. cit.*, p. 319) 'linhas gerais para um futuro *Direito a dar*', ou, ainda, normas 'de eficácia diferida', expressão por ele próprio criticada ao argumento de que 'apenas parte desta eficácia fica na dependência da lei ordinária, a relativa aos seus efeitos essenciais, de modo o mais amplo, mas é necessário reconhecer que tais normas revestem-se, desde logo, de uma certa *eficácia atual* (por ex., ao menos impedir legislação futura em contrário, servir de critério interpretativo, revogar as leis anteriores em contrário, etc)'.

[75] *Ibidem*, p. 317.

[76] *Ibidem*, p. 318.

[77] À fl. 319 de sua obra, Meirelles Teixeira cita Vezio Crisafulli sem especificar a respectiva obra, a que se reportara anteriormente, à fl. 299: *La Costituzione e le sue disposizioni di principio*. Milão, 1952.

fluência também na aplicação de outras normas, por meio de sua eficácia *interpretativa* e *integradora*.

Para Meirelles Teixeira, na esteira de Ruy Barbosa, a referência à lei indica a presença de norma constitucional de eficácia limitada, pois, em suas palavras:

> "(...) *evidentemente toda a dificuldade, nesta matéria, apenas existe quando a norma constitucional silencie sobre essa necessidade de lei complementar, pois, obviamente, se a própria Constituição explicitamente faz referência à lei ordinária, através de fórmulas consagradas*, como, por exemplo, 'a lei estabelecerá ...', 'a lei regulará ...', 'a lei especificará ...', ou ainda 'na forma da lei', 'nas condições que a lei estabelecer' – como é tão comum na Constituição brasileira, etc. – , *nenhuma dúvida poderá caber quanto ao caráter não executório da norma*, salvo, evidentemente, se, ao lado dessa cláusula condicionante, outras existirem, suficientemente explícitas e completas para darem origem à exigibilidade de direitos e obrigações".[78] (grifei)

Quanto às noções inerentes às normas de eficácia plena e de eficácia limitada, Meirelles Teixeira didaticamente observa que:

> "a) o vocábulo *'plena'*, aí, não significa total, completa, exaustiva, pois já vimos que toda a norma é sempre suscetível de novas aplicações e novos desenvolvimentos; para caracterizar essa *plenitude* da eficácia será suficiente que a norma possa realizar, desde logo, seus objetivos *essenciais, específicos*, nos termos já expostos, aquilo que constitui, mais especificamente, os interesses que ela pretende proteger;
> b) a preceptividade da norma de eficácia plena, a respeito desses interesses específicos, é, portanto, direta, a respeito desses interesses, ao passo que, nas normas de eficácia limitada, no todo ou em parte, a sua preceptividade é apenas *indireta*;
> c) falamos, ainda, naquele conceito, em normatividade *suficiente* para alcançarem-se os fins essenciais da norma. Aqui, a teoria clássica, tão bem exposta por Rui, presta ainda excelentes serviços. A expressão 'completa', dessa teoria, como já tivemos ocasião de observar, deve ser entendida como 'suficiente', pois toda norma poderá ser considerada incompleta se tivermos em vista a possibilidade, sempre existente, de futuros desenvolvimentos e aplicações.

---

[78] *Ibidem*, p. 303.

d) os *efeitos essenciais* da norma programática, e das normas de eficácia limitada, em geral, são aqueles efeitos especificamente visados, não os meramente indiretos, ainda que relevantes".[79]

Ao final de sua exposição sobre a divisão das normas constitucionais em normas de eficácia plena e em normas de eficácia limitada[80] indaga acerca de como ou mediante quais critérios poder-se-ia distinguir, na prática, umas normas de outras, chegando a referir a opinião de muitos autores, que não especifica, no sentido de que seria impossível fixar-se desde logo um critério objetivo, mas concluindo que o critério da completude da norma – fornecido pela teoria clássica – aliado à redação da norma (se o legislador constituinte desde logo se refere à lei ordinária e há normatividade apta a disciplinar a consecução dos *fins essenciais da norma*, noção para ele decisiva), consubstanciariam critérios que afigurar-se-iam aptos à distinção.

Conforme Vitor Nunes Leal, "em princípio, tôdas as leis são complementares, porque se destinam a complementar princípios básicos enunciados na Constituição. Geralmente, porém, se reserva esta denominação para aquelas leis sem as quais determinados dispositivos constitucionais não podem ser aplicados".[81] Para ele, certas disposições constitucionais não seriam aplicáveis por si mesmas e dependeriam de regulamentação legal para sua efetiva aplicação, sendo que em tais hipóteses não seria possível prescindir da colaboração do legislador, pois o Executivo e o Judiciário não seriam órgãos legiferantes, tanto mais que a Constituição de 1946 restabeleceu a proibição de delegações legislativas.

A propósito, parece interessante citar o seguinte caso jurisprudencial mencionado por Vitor Nunes Leal, que seria um precedente concernente à eficácia negativa das normas de eficácia limitada:

"O problema reveste-se de interesse prático, entre nós, porque mais de uma vez já se tem procurado, no Brasil, 'regulamentar' a Constituição, na intenção ingênua ou maliciosa de se permitir à lei aquilo que a Constituição, embora em forma pouco precisa, não permite. A controvérsia mais famosa a êste respeito foi, nos primores da Primeira República, a tentativa de regulamentar o art. 6º da Constituição de 1891, que regulava a intervenção federal nos

---

[79] *Ibidem*, p. 320.
[80] *Ibidem*, p. 322/323.
[81] LEAL, Vitor Nunes. Leis complementares da Constituição. *Revista de Direito Administrativo* 7: 379-395, 1947.

Estados. A iniciativa tomada nesse sentido durante o governo Prudente de Morais foi definitivamente abandonada no governo Campos Sales, para quem mexer no art. 6° da Constituição seria tocar o 'coração da República'. O argumento jurídico que prevaleceu foi que não seria possível incluir na lei o que na Constituição estivesse vedado, pois a lei não é meio hábil para dirimir controvérsias constitucionais, assunto em que a última palavra, no nosso regime, compete ao Judiciário.

Outra controvérsia dêsse tipo foi em tôrno dos tribunais federais regionais, cuja criação, apesar de autorizada pelo decreto legislativo n° 4.831, de 5-12-1921, foi obstada por uma decisão prévia do Supremo Tribunal Federal, a propósito de um problema regimental".[82]

Por outro lado, para o mestre José Afonso da Silva,[83] cujos ensinamentos serviram de inspiração à presente obra, as normas constitucionais podem ser classificadas segundo o respectivo grau de eficácia, em três tipos de normas – as normas de eficácia plena, as de eficácia contida e as de eficácia limitada, e não apenas em dois tipos de normas, como vinha preconizando a maior parte da doutrina até então.

As *normas constitucionais de eficácia plena* seriam "todas as normas que, desde a entrada em vigor da Constituição, produzem todos os seus efeitos essenciais (ou têm a possibilidade de produzi-los), todos os objetivos visados pelo legislador constituinte, porque este criou, desde logo, uma normatividade para isso suficiente, incidindo direta e imediatamente sobre a matéria que lhes constitui o objeto".[84] São, portanto, normas de *aplicabilidade direta, imediata e integral* sobre os interesses objeto de sua regulamentação jurídica.

As *normas constitucionais de eficácia contida* seriam "normas que incidem imediatamente, e produzem (ou podem produzir) todos os efeitos queridos, mas prevêem meios ou *conceitos* que permitem manter sua eficácia contida em certos limites, dadas certas circunstâncias".[85] (grifei) Via de conseqüência, são normas de *aplicabilidade direta e imediata, mas nem sempre integral, "porque sujeitas a restrições previstas ou*

---

[82] Vitor Nunes Leal nesses dois parágrafos se reporta em notas de rodapé a Carlos Maximiliano (*Comentários à Constituição Brasileira*. 3. ed., Porto Alegre, 1929, p. 159) e a Castro Nunes (*Teoria e Prática do Poder Judiciário*, Rio, 1943, p. 61).

[83] AFONSO DA SILVA, José. *Aplicabilidade das normas constitucionais*. 3. ed., rev., ampl. e atual. São Paulo: Editora Revista dos Tribunais, 1998.

[84] *Ibidem*, p. 82.

[85] *Ibidem*, p. 82.

dependentes de regulamentação que limite sua eficácia e aplicabilidade".[86]

E as *normas constitucionais de eficácia limitada* seriam todas as normas que "não produzem, com a simples entrada em vigor, todos os seus efeitos essenciais, porque o legislador constituinte, por qualquer motivo, não estabeleceu sobre a matéria uma normatividade para isso bastante, deixando essa tarefa ao legislador ordinário ou a outro órgão do Estado".[87] São, com efeito, normas de *aplicabilidade indireta, mediata e reduzida*, "porque somente incidem totalmente sobre seus interesses após uma normatividade ulterior que lhes desenvolva a eficácia, conquanto tenham uma incidência reduzida e surtam outros efeitos não essenciais, ou melhor, não dirigidos aos valores-fim da norma, mas apenas a certos valores-meio e condicionantes",[88] como a *eficácia negativa*, ou seja, a proibição de toda e qualquer atividade infraconstitucional, anterior ou posterior, incompatível com esta norma.

Nada obstante as críticas adiante mencionadas de Manoel Gonçalves Ferreira Filho, boa parte da doutrina e da jurisprudência brasileira atual vem adotando a classificação tricotômica de José Afonso da Silva e refutando as classificações dicotômicas de Ruy Barbosa, Pontes de Miranda e Meirelles Teixeira.

De qualquer sorte, a aplicabilidade direta e imediata significa que a norma constitucional tem aptidão para ser aplicada diretamente nas relações que regula, independentemente de norma infraconstitucional integrativa, e desde o início da respectiva vigência, enquanto a aplicabilidade indireta e mediata significa que a norma constitucional tem aptidão para ser aplicada indiretamente nas relações que regula, pois depende da integração de uma norma infraconstitucional, e de maneira mediata, ou seja, somente após o início da vigência da norma integrativa. Assim sendo, é possível identificar, segundo a classificação de José Afonso da Silva, a eficácia direta e imediata com as normas de eficácia plena e com as de eficácia contida, bem como a eficácia indireta e mediata com as normas de eficácia limitada.

Aliás, cabe ressaltar que aplicabilidade integral é aquela em que a norma se aplica inteiramente, sem qualquer restrição, ao passo que, em se tratando de aplicabilidade reduzida, a definição do conteúdo da norma fica relegada para norma infraconstitucional integrativa. Nesse pas-

---

[86] *Ibidem*, p. 83.
[87] *Ibidem*, p. 82/83.
[88] *Ibidem*, p. 83.

so, as normas de eficácia contida da classificação de José Afonso da Silva têm aplicabilidade integral dos efeitos essenciais até o advento da norma integrativa infraconstitucional, quando então o seu conteúdo poderá ser restringido, ou, noutros termos, contido.

Como observa o referido doutrinador,[89] diferentemente das idéias preconizadas por Ruy Barbosa e por José Horácio Meirelles Teixeira, para a identificação das normas constitucionais de eficácia limitada, "o critério da legislação futura é falho, porque há normas constitucionais de eficácia direta e aplicabilidade imediata que, também, mencionam legislação futura", no entanto, não se enquadram dentre as normas de eficácia limitada, mas, sim, dentre as normas de eficácia contida, já que *"o direito conferido não fica na dependência de legislação futura; as restrições ao exercício desse direito é que dependem de legislação"* que servirá para limitar a expansão da eficácia normativa.

Pressupondo que todas as normas constitucionais seriam dotadas de eficácia, inclusive as normas programáticas, que seriam dotadas, no mínimo, de uma "eficácia paralisante de todas as normas inferiores, se contrastantes com o seu sentido, bem como determinadora de importantíssimas conseqüências na compreensão do contexto constitucional e de cada disposição que o integra",[90] Geraldo Ataliba realiza uma abordagem da doutrina nacional[91] e estrangeira, afirmando que "há mandamentos constitucionais completos – reunindo todos os elementos normativos necessários à sua aplicação – e mandamentos que poderiam sob tal perspectiva ser qualificados como incompletos pela falta de alguns elementos normativos, de tal sorte a impedir a determinação exata de sua hipótese de incidência ou momento preciso de sua irradiação de efeitos, ou, ainda, a extensão, os limites ou sujeitos por êles alcançados".[92]

Ao examinar o valor jurídico das Declarações de Direitos constantes das Constituições, Georges Burdeau identifica nas declarações duas

---

[89] *Ibidem*, p. 76.

[90] ATALIBA, Geraldo. Eficácia jurídica das normas constitucionais e leis complementares. *Revista de Direito Público* 13: 41, 1970.

[91] A propósito da abordagem de Geraldo Ataliba, convém transcrever a referência feita a San Tiago Dantas, na medida em que a sua contribuição será retomada na segunda parte da presente dissertação: "O nosso San Tiago Dantas traz valiosa contribuição quando contrasta os sistemas constitucionais europeus com os do tipo do nosso: lá a competência legislativa é ilimitada. Efetivamente, por falta de possibilidade de contraste jurisdicional da constitucionalidade das leis, o prejudicado não tem como opor-se aos excessos legislativos. Já, no nosso sistema – como no norte-americano e argentino – as coisas se passam diversamente, configurando-se a questão de modo diferente. 'Nos regimes onde o Poder Judiciário pode recusar aplicação à lei inconstitucional, a questão não oferece dúvida ao intérprete da Constituição' (Problemas de Direito Positivo, ed. Forense, Rio, 1953, p. 54)."

[92] *Ibidem*, p. 35.

A aplicabilidade e a concretização das normas constitucionais

categorias de disposições.[93] As primeiras enunciariam uma regra de direito positivo e consubstanciariam normas juridicamente obrigatórias porque imediatamente aplicáveis, exemplificando com a liberdade de opinião e com a indenização justa no caso de privação da propriedade previstas nos arts. 10 e 17 da Declaração de Direitos de 1789-1791. E as segundas seriam desprovidas de força obrigatória própria do direito positivo, pois envolveriam as prescrições que fixariam um programa ao legislador, cuja realização pressuporia toda uma arrumação social acompanhada de leis ulteriores, exemplificando com as normas atinentes ao direito do trabalho.

Na linha de José Afonso da Silva, ao afirmar que "o direito constitucional comporta diversos planos de profundidade, com uma certa hierarquia quanto à eficácia, mas com todas as suas regras dotadas de eficácia",[94] Luís Pinto Ferreira propõe uma classificação das normas constitucionais apreciadas em um duplo aspecto – quanto à sua *intangibilidade* e à sua *plenitude* – ressaltando que duas idéias deveriam prender a atenção do estudioso: primeiro a idéia de supereficácia das normas constitucionais absolutas e segundo a idéia de eficácia normativa de determinadas normas constitucionais, asseverando que as normas constitucionais poderiam ser classificadas em: a) *normas de eficácia absoluta*, que são de aplicação imediata e não emendáveis; b) *normas de eficácia plena*, com preceitos de aplicação imediata porém emendáveis pelo poder constituinte derivado; c) *normas de eficácia contida*; d) *normas de eficácia limitada*, nestas se incluindo também as chamadas normas programáticas".[95]

A propósito da aplicação das normas constitucionais, Celso Ribeiro Bastos e Carlos Ayres de Britto[96] asseveram que:

> "A utilização de certas expressões lingüísticas, como 'a lei regulará' ou 'a lei disporá', ou, ainda, 'na forma da lei', deixa de logo claro que a vontade constitucional não está integralmente composta. A matéria normada não ganhou definitividade em seu perfil.

---

[93] BURDEAU, Georges. *Droit Constitutionnel et institutions politiques*. 19ª ed., Paris: Librairie Générale de Droit et de Jurisprudence, 1980, p. 77. Quanto à referida obra, cumpre ressaltar que, antes de vir a falecer, Georges Burdeau incumbiu Michel Troper e Francis Hamon de prepararem a 21ª edição de seu livro, que passou a intitular-se apenas *Droit Constitutionnel*, a qual acabou sendo profundamente revisada, tanto que a identificação dessas suas categorias de disposições foi suprimida do texto, como se pode constatar ao analisar especialmente a p. 46 e segs. sobre "o valor jurídico das declarações" de sua última edição (26ª ed. do ano de 1999).

[94] *Enciclopedia Saraiva do Direito*. Vol. 30. Verbete "eficácia". São Paulo: Saraiva, 1979, p. 175.

[95] *Ibidem*, p. 175.

[96] BASTOS, Celso Ribeiro & BRITTO, Carlos Ayres. *Interpretação e aplicabilidade das normas constitucionais*. São Paulo: Saraiva, 1982, p. 48/49.

Ela reclama a superveniência de uma normação posterior que venha a delimitá-la na sua exata extensão, quer para alargá-la, quer para restringi-la. O que apresentam em comum, tais espécies normativas, é o fato de *necessitarem, ou, no mínimo, tolerarem* uma legislação subalterna que lhes componha o significado, sem que isso se traduza em inconstitucionalidade. É que a expressa menção à lei inferior integradora retira desta última a pecha do vício supremo em que incorreria, não fora a referência constitucional". (grifei)

Quanto ao modo de incidência das normas constitucionais, Celso Ribeiro Bastos e Carlos Ayres Britto diferenciam integração normativa de regulamentação normativa para identificar duas espécies de normas: as *normas de aplicação*, que se subdividem em irregulamentáveis e em regulamentáveis, e as *normas de integração*, que se subdividem em completáveis e restringíveis.[97]

Para esses doutrinadores, portanto, as *normas de aplicação* compreendem as *normas irregulamentáveis* e as *regulamentáveis*.

Normas irregulamentáveis são aquelas que incidem diretamente sobre os fatos regulados e são insuscetíveis de regulamentação porque dizem respeito a matérias que somente podem ser tratadas na Constituição, por versarem "sobre o relacionamento entre os Três Poderes do Estado e entre as pessoas territoriais de capacidade política (União, Estados, Municípios e, em alguma medida, o Distrito Federal)".[98]

---

[97] Celso Ribeiro Bastos e Carlos Ayres Britto lecionam que "(...) se, por um lado, todas as normas constitucionais se predispõem à produção de efeitos, por outro, nem todas o conseguem integralmente, porque não são suscetíveis de execução pela mesma forma. Algumas são executadas por via de mera aplicação, isto é, por incidência direta sobre os fatos regulados, na inteireza dos respectivos mandamentos. Outras, ao contrário, inadmitem o seu inteiro cumprimento sobre os fatos ou comportamentos disciplinados, porque reclamam a intermediação de lei subconstitucional, integradora do seu comando. Em verdade, a maior ou menor aptidão para atuar, para incidir sobre os fatos abstratamente descritos na hipótese da norma, depende do modo como a própria norma regula a matéria de que se nutre. É falar, a possibilidade de plena incidência da norma está sempre condicionada à forma de regulação da respectiva matéria. Se esta é descrita em todos os seus elementos, é plasmada por inteiro quanto aos mandamentos e às conseqüências que lhe correspondem, no interior da norma formalmente posta, não há necessidade de intermédia legislação, porque o comando constitucional é bastante em si. Tem autonomia imperativa e idoneidade suficiente para deflagrar todos os efeitos a que se preordena. De revés, se a matéria que se põe como conteúdo da norma é deficientemente plasmada, de modo que tal defeito de conformação intercorra por qualquer um dos seus elementos lógico-estruturais – que são a hipótese, o mandamento e a conseqüência – aí se torna necessária a expedição de um comando complementar da vontade constitucional. Dá-se, então, o reclamo de interposta lei, para suprir as insuficiências da norma, complementar as suas prescrições e tornar sua incidência possível, em termos de plenitude eficacial" (*op. cit.*, p. 35).

[98] *Ibidem*, p. 39.

A aplicabilidade e a concretização das normas constitucionais

Normas regulamentáveis são aquelas que "aceitam um regramento ancilar, que se revele como instrumental à sua melhor aplicação", são aquelas que:

> "(...) comportam o tratamento do seu *modus operandi* ou dos seus pontos de minúcia, por conduto de legislação comum. Dizendo melhor, modelos constitucionais que, inobstante *recortados de forma definitiva e exauriente*, têm na legislação ordinária maior perspectiva de funcionalidade. (...) A relação que transcorre entre a norma regulamentada e a norma regulamentadora é, tão-só, de desdobramento dos aspectos externos da primeira. *A legislação regulamentadora é marginal, ou de simples contorno*, como diques que se levantam para mais rápido e seguro fluir da corrente constitucional. Esta remanesce a mesma, antes e depois da ponência da legislação de contorno, que é de mero revestimento. (...) a aplicação constitucional se dá com a ajuda das leis regulamentadoras, mas *o primado da vontade constitucional é absoluto, e as sobreditas leis de regulamentação, simples instrumento da sua vontade*. Esta há de remanescer intacta, soberana, intangível, como toda aquela fluorescência inerente à supremacia constitucional".[99] (grifei)

E as normas proibitivas estão incluídas nesta subespécie.[100]

Por outro lado, para Celso Ribeiro Bastos e Carlos Ayres Britto, as *normas de integração*:

> "(...) têm por traço distintivo a abertura de espaço entre o seu desiderato e o efetivo desencadear dos seus efeitos. No seu interior, existe uma permanente tensão entre a predisposição para incidir e a efetiva concreção. Padecem de visceral imprecisão, ou deficiência instrumental, e se tornam, por si mesmas, inexeqüíveis em toda a sua potencialidade. Daí por que se coloca, entre elas e a sua real aplicação, outra norma integradora de sentido, de modo a surgir uma unidade de conteúdo entre as duas espécies normativas".[101]

---

[99] *Ibidem*, p. 44-46.

[100] "Não podem, por igual forma, receber mais que simples regulamentação as normas constitucionais proibitivas. Por estabelecerem vedações absolutas, são logicamente repelentes a qualquer forma de integração, já que não apresentam, racionalmente, qualquer ângulo passível de ser integrado por lei subconstitucional. Não há como alargar uma proibição que já é, nos termos constitucionais, absoluta. Não há como reforçar ou ampliar o absoluto. E, de outra parte, se de restrição se cuidar, a norma restritiva será inconstitucional, porque restringir uma proibição equivale a impor, ou ao menos tornar possível, uma obrigação interdita pela Constituição (se o legislador, v.g., está proibido de legislar sobre determinada matéria, reduzir ele mesmo o campo da proibição é irrogar-se numa competência que não tinha e, por essa forma, tornar possível a infligência de novos deveres ou encargos para os endereçados das regras que passa a expedir)" (*Ibidem*, p. 46/47).

[101] *Ibidem*, p. 48.

Para esses autores, as *normas de integração* compreendem as *normas completáveis* e as *normas restringíveis.*

As normas completáveis "se caracterizam pela circunstância de demandar um aditamento ao seu campo de regulação, ou ao modo como plasmam a matéria sobre que incidem. Sua natureza esquálida ostenta sempre uma lacuna quanto a um ou a alguns dos elementos formadores de uma norma jurídica completa".[102]

E as normas restringíveis "admitem a constrição dos seus efeitos originários, por via de legislação inferior".[103]

Na dicção de Celso Ribeiro Bastos:

"Se, na categoria de *normas completáveis*, estávamos em face de um *fenômeno de deficiência regratória*, isto é, a formulação jurídica ficou aquém do propósito por ela mesma lançado, deixando em branco um espaço a ser ocupado pelas leis de integração, agora, no âmbito das *normas restringíveis*, defrontamo-nos com um *fenômeno de exuberância*, ou, se quisermos, *superabundância normativa*, matizado pela circunstância de a regra constitucional assegurar um direito de maior extensão do que aquele efetivamente colimado. Tudo se passa como se o constituinte não houvesse querido internar-se pelas diversas exceções a ser aportadas ao bem

---

[102] *Ibidem*, p. 49. Quanto às normas programáticas, na mesma obra já citada, p. 82, esses autores registram que "no esquema que deixamos lançado no capítulo anterior, as normas tidas como programáticas se alocariam no gênero das de integração e na espécie das regras completáveis. Sua eficácia seria apenas parcial, pois não iria além da indicação de um conteúdo negativo para a legislação ordinária. Logo, eficácia 'limitada', porque circunscrita à paralisação de toda atividade legiferante em sentido contrário àquele insculpido na moldura constitucional." Só que eles próprios acabam criticando o enquadramento indiscriminado de todas as normas programáticas dentre as normas de integração, acabando por concluir, *op. cit.*, p. 87, que "todas as normas de programação finalística enunciam a matéria que deverá servir de substrato fático-axiológico à futura legislação comum e têm, no mínimo, a eficácia de coibir toda ação legislativa de sentido reverso. Ali, faz-se a indicação de um conteúdo positivo dessa legislação e, aqui, um conteúdo negativo. Umas têm direção teleológica delimitável, porque orientadas para a instauração de direitos individuais e instrumentadas pela imposição de um dever legislativo suscetível de pleno atendimento. São normas lacunosas, da espécie 'completável', que somente se vêm colmatadas mediante o concurso de um outro querer normativo, que é o da legislação comum integradora do seu comando inicial. Pelo que se revelam como modelos de eficácia parcial, na medida em que sua hipótese de incidência não é, propriamente, o ato de legislar, mas a efetiva criação dos direitos subjetivos por elas anunciados. Outras normas programáticas, diferentemente, apontam para um ideal não-finito, orientadas que são para o simples incremento de uma atividade objetiva e instrumentadas pela imposição de um dever legislativo perenemente renovável. São normas de simples aplicação e, nessa medida, de eficácia plena. Nelas, não há vazio regratório a preencher , porque o bem jurídico por elas visado é insuscetível de satisfação integral. Sua hipótese de incidência é o próprio ato de legislar no sentido indicado, sem que elas mesmas iniciem qualquer formulação jurídica em prol da atividade ou fim imposto à futura ação normativa inferior, não há que se cogitar de complemento ou integração da vontade constitucional".

[103] *Ibidem*, p. 49.

jurídico ou ao princípio com cujo asseguramento se preocupou, transferindo tal mister para o legislador comum".[104] (grifei)

Quanto à produção de efeitos, esses autores classificam as normas constitucionais em *normas de eficácia plena,* subdivididas em normas inintegráveis (ou de mera aplicação) e em normas restringíveis (ou de integração restringíveis); bem como em *normas de eficácia parcial,* consubstanciadas nas normas completáveis (ou de integração completáveis).

Assim sendo, e em boa dose, Celso Ribeiro Bastos e Carlos Ayres Britto acabam identificando, no que diz respeito à classificação quanto à eficácia, as suas normas de integração restringíveis com as normas de eficácia contida de José Afonso da Silva,[105] ao afirmarem que, se a lei integradora tiver um caráter exclusivamente restritivo, estar-se-á diante de uma norma restringível capaz de gerar seus plenos e integrais efeitos imediatamente, não sendo lícito "supor-se que a aplicabilidade ou a eficácia de uma norma constitucional fique na dependência da aparição de uma lei que só é suscetível de trazer elementos constritores da amplitude da norma integrada".[106] As normas restringíveis, portanto, teriam duplo aspecto, pois, por um lado, seriam normas de simples aplicação, do tipo regulamentáveis, enquanto não editada a legislação integradora, e, por outro lado, transmudar-se-iam em normas de integração, com o surgimento da legislação integradora.[107]

---

[104] BASTOS, Celso Ribeiro. *Curso de Direito* Constitucional. 11. ed., reform. de acordo com a Constituição de 1988, São Paulo: Saraiva, 1989, p. 112.

[105] Como, aliás, ressalta o próprio Celso Ribeiro Bastos ao comentar o disposto no inciso IX do art. 93 da CF/88, asseverando que "como se vê, o preceito em exame é, na expressão de José Afonso da Silva, norma de eficácia contida, o que na nossa linguagem (Celso Bastos e Carlos Ayres Brito) corresponde à norma de integração restringível, ou seja, aquela passível de restrição ou redução de seu campo de atuação. Noutro falar, possibilita intermediação de uma lei ordinária que limite a sua extensão" (BASTOS, Celso Ribeiro & MARTINS, Ives Gandra da Silva, *Comentários à Constituição do Brasil: promulgada em 5 de outubro de 1988,* São Paulo: Saraiva, 1997, p. 47).

[106] *Ibidem* p. 51.

[107] Para esses autores (*op. cit.,* p. 52), "tal ambivalência eficacial, contudo, não nos autoriza a incluir as normas restringíveis em qualquer um dos dois gêneros aqui sistematizados, indiferentemente. Em rigor científico, a sua categoria jurídica é a das normas de integração, apenas. É que as regras de mera aplicação, como já acentuado, têm uma ontologia incompatível com o efeito modificador das normas restringíveis. É exprimir: as regras de mera aplicação têm por traços distintivos a rigidez e a exaustividade do seu núcleo mandamental, o que significa a inadmissão de nova modelagem da matéria sobre que incidem. Já as normas de integração, muito ao contrário, são justamente aquelas que se preordenam a modificações do seu próprio conteúdo, para mais ou para menos. Predisposição, portanto, que é o chamamento de uma nova manifestação de vontade normativa para integrar o desiderato constitucional. Não importa, no caso, o grau eficacial máximo da norma restringível antes de operada a restrição. *O que interessa é a vocação da norma para aceitar uma nova vontade modeladora, de nível legislativo inferior.* Este o critério definidor que nos autoriza a incluir tais normas na corrente daquelas categorizadas como de integração, extremando-as das de conteúdo hirto e vontade excludente de qualquer outra manifestação volitiva

No que concerne à relação das normas restringíveis de Celso Ribeiro Bastos e de Carlos Ayres Britto com as normas de eficácia contida de José Afonso da Silva, a equivalência só não é total, não porque José Afonso da Silva enfoque o critério da legislação futura mencionada no texto constitucional a partir das normas de eficácia limitada enquanto Celso Ribeiro Bastos e Carlos Ayres Britto o enfoquem a partir das normas restringíveis, e não das completáveis, mas, sim, porque estes últimos afirmaram que:

> "(...) ainda ao propósito das normas restringíveis, é forçoso reconhecer que elas só existem na medida em que autoqualificadas pelo Texto Constitucional, explicitamente. Em palavras outras, para que sobrevenha a legislação restritiva, faz-se necessária uma expressa autorização constitucional. Ou o texto é explícito ao referir-se à permissão de integração constritora, ou, então, de norma restringível não se tratará. Inexiste, portanto, norma restringível que ostente essa qualificação por mera implicitude.
> É compreensível a rejeição da implicitude. Reduzindo, como de fato reduz, o campo de regulação da matéria constitucional, a norma constritiva termina por impor limites a uma vontade que lhe é superior. Restringindo direitos subjetivos; estreitando o raio de abrangência de um princípio; criando ou majorando obrigações; enfim, podando de alguma forma o preceptivo constitucional, a lei de integração caminha a contrapelo do Texto Maior e incidiria, fatalmente, no vício da invalidade máxima, não fora a autorização expressa para esse caminhar em sentido contrário. Donde se inferir que tal contrariedade somente é posta a coberto da mácula de inconstitucionalidade, se e quando permitida pelo Código Supremo, de modo expresso, pois não se anda a contrapasso da Constituição, impunemente".[108]

De outra parte, Celso Antônio Bandeira de Mello adota como critérios sistematizadores de uma classificação das normas constitucionais

---

subalterna". Aqui nesta ambivalência eficacial das normas restringíveis, que se equivalem em boa dose às normas de eficácia contida, interessa notar que enquanto estamos diante de norma de simples aplicação, antes do advento da lei integradora, o juiz pode concretizar a norma sem efeito constritivo, efeito este que só seria dado à atualização legislativa via norma integrativa. Essa predisposição abordada por esses autores às vezes pode confundir o intérprete a ponto de se incluírem as normas de eficácia contida dentre as normas de eficácia limitada da classificação de José Afonso da Silva, quando parece que também para Celso Ribeiro Bastos e Carlos Ayres Britto essas normas ostentam eficácia imediata, só que plena até o advento da legislação integrativa, quando então passarão a ter eficácia restringível, contida, constritível.

[108] *Op. cit.*, p. 53.

a *consistência* e a *amplitude* dos direitos imediatamente resultantes para os indivíduos, isto é, quanto aos direitos fruíveis individual e coletivamente, não coincidindo, como ressalta ele,[109] com o questionamento sobre a eficácia plena, contida ou limitada das normas constitucionais,[110] tampouco se superpondo à análise relativa à auto-aplicabilidade das normas ou dependência de regramento ulterior. De qualquer forma, na sua concepção, as normas constitucionais poderiam ser classificadas em normas outorgadoras de poderes e direitos imediatamente fruíveis e exigíveis, em que a posição jurídica do administrado seria plenamente consistente, que prescindiriam de qualquer regramento subseqüente; e normas constitucionais que não confeririam de imediato fruição alguma nem permitiriam aos administrados exigir que se lhes desse o desfrute de algo, mas imediatamente confeririam ao administrado o direito de opor-se judicialmente ao cumprimento de regras ou à prática de comportamentos contrários ao preceito constitucional, bem como o direito de obter interpretação e decisão pautadas pelo sentido e direção preconizados por essas normas, sendo a posição jurídica dos administrados menos consistente.

Para Bandeira de Mello, ambos esses tipos de normas admitiriam duas espécies: 1º) direitos ou poderes insuscetíveis de restrição; 2º) direitos ou poderes restringíveis por lei ordinária, na esteira das lições de Celso Ribeiro Bastos e de Carlos Ayres Britto.[111]

Michel Temer adota a mesma classificação de José Afonso da Silva, preferindo denominar as normas de eficácia contida como normas constitucionais de eficácia redutível ou restringível.[112]

Luís Roberto Barroso,[113] semelhantemente a Celso Antônio Bandeira de Mello, propõe uma classificação original com base na consistência da situação jurídica dos indivíduos ante os preceitos constitucionais, discriminando as normas constitucionais em: (1) normas constitucionais de organização, que têm por objeto organizar o exercício do poder político; (2) normas constitucionais definidoras de direitos, que têm por objeto fixar os direitos fundamentais dos indiví-

---

[109] Bandeira de Mello, Celso Antônio. Eficácia das normas constitucionais sobre justiça social. *Revista de Direito Público* 57-58: 240, 1981.

[110] Isto porque, na sua dicção, "a disceptação entre normas de eficácia plena, contida ou limitada não é instrumento operativo para isolar os distintos teores de consistência da posição jurídica dos cidadãos ante as normas constitucionais" (*op. cit.*, p. 241).

[111] *Op. cit.*, p. 243.

[112] *Op. cit.*, p. 26.

[113] *O Direito Constitucional e a efetividade de suas normas* – limites e possibilidades da Constituição brasileira. 5ª ed., ampl. e atual., Rio de Janeiro: Renovar, 2001.

duos; e (3) normas constitucionais programáticas, que têm por objeto traçar os fins públicos a serem alcançados pelo Estado. Sistematizando a doutrina, especialmente de José Joaquim Gomes Canotilho, José Afonso da Silva e Celso Antônio Bandeira de Mello, Luís Roberto Barroso elenca as quatro hipóteses de aplicação direta e eficácia imediata das normas programáticas, a saber:

"1) revogam as leis anteriores com elas incompatíveis;
2) vinculam o legislador, de forma permanente, à sua realização;
3) condicionam a atuação da administração pública;
4) informam a interpretação e aplicação da lei pelo Poder Judiciário".[114]

Embora Luís Roberto Barroso não se debruce sobre a categoria das normas de eficácia contida, ele oferece significativa contribuição à compreensão destas normas quando examina as normas constitucionais relativas ao acesso de deficientes físicos e ao valor do salário mínimo, asseverando que em certas "situações em que a Constituição ou lei utilizam conceitos vagos e imprecisos, é exatamente ao juiz que cabe integrar, com sua valoração subjetiva, o comando normativo. Assim se passa, por exemplo, quando ele fixa o valor da 'justa indenização' na desapropriação (CF/88, art. 5º, XXIV); quando nega eficácia a ato, lei ou sentença estrangeira por ofensa à nossa 'ordem pública' (LICC, art. 17); ou quando fixa alimentos 'na proporção das necessidades do reclamante e dos recursos da pessoa obrigada'".[115]

Eros Roberto Grau, por outro lado, faz uma crítica à doutrina tradicional sobre as normas constitucionais programáticas.[116] Embora empregue a expressão "eficácia contida",[117] não critica a doutrina de José Afonso da Silva, pois afirma, enfaticamente, que não comete a injustiça de alinhá-lo entre os adeptos da doutrina tradicional,[118] reportando-se apenas às *normas de eficácia limitada*, que seriam meramente declaratórias de princípios programáticos e, portanto, consubstanciariam as normas programáticas propriamente ditas, e às *normas de eficácia contida*, que seriam *normas preceptivas* e só estariam em condições de produzir efeitos jurídicos quando implementadas pelo legislador ordinário. Assim sendo, a rigor, as normas de eficácia contida a que se

---

[114] *Op. cit.*, p. 156.

[115] *Op. cit.*, p. 154.

[116] GRAU, Eros Roberto. *Direito, conceitos e normas jurídicas*. São Paulo: Editora Revista dos Tribunais, 1988.

[117] *Op. cit.*, p. 123.

[118] *Op. cit.*, p. 124.

reporta Eros Roberto Grau não se identificam com as normas de eficácia contida de José Afonso da Silva, aproximando-se mais, isto sim, das normas de eficácia diferida a que se reporta Paulo Bonavides, como será examinado mais a seguir.

Adotando o pressuposto de que todas as normas constitucionais seriam dotadas de eficácia jurídica, Eros Roberto Grau afirma que "todas as normas constitucionais – inclusive as genericamente referidas como *normas programáticas* (normas preceptivas e normas programáticas propriamente ditas), têm aplicação direta" para defender a possibilidade de o Poder Judiciário declarar inconstitucionalidade por omissão "sempre que algum preceito constitucional resultar carente de condições de aplicação em razão da inexistência ou omissão das normas legislativas necessárias a dar-lhe execução".[119]

Aproximando-se da classificação adotada por Luís Pinto Ferreira, Maria Helena Diniz propõe uma classificação adotando como critérios as questões da intangibilidade e da produção de efeitos concretos, distinguindo as normas constitucionais em (a) normas supereficazes ou com eficácia absoluta, que seriam intangíveis, insuscetíveis de emenda constitucional, e de incidência imediata; (b) normas com eficácia plena, que seriam imediatamente aplicáveis por serem idôneas, desde a sua entrada em vigor, para disciplinarem as relações jurídicas ou o processo de sua efetivação, não requerendo normação subconstitucional subseqüente; (c) normas com eficácia relativa restringível, que corresponderiam às normas de eficácia contida de José Afonso da Silva, sendo de "aplicabilidade imediata ou plena, embora sua eficácia possa ser reduzida, restringida nos casos e na forma que a lei estabelecer",[120] contendo em seu bojo "a prescrição de meios normativos ou de conceitos que restringem a produção de seus efeitos";[121] e (d) normas com eficácia relativa complementável ou dependente de complementação legislativa, que seriam aquelas normas que teriam aplicação mediata porque "não receberam (...) do constituinte normatividade suficiente para sua aplicação imediata, porque ele deixou ao Legislativo a tarefa de regulamentar a matéria, logo, por esta razão, não poderão produzir todos os efeitos de imediato, porém têm aplicabilidade mediata, já que incidirão total-

---

[119] *Op. cit.*, p. 130.

[120] DINIZ, Maria Helena. *Norma constitucional e seus efeitos.* 4. ed., atual., São Paulo: Saraiva, 1998, p. 113.

[121] Reportando-se a José Afonso da Silva, assevera que essas normas regulariam "suficientemente os interesses, mas deixam margem à atuação restritiva da competência discricionária do Poder Público nos termos legais ou dos conceitos gerais nelas enunciados" (*op. cit.*, p. 113/114).

mente sobre os interesses tutelados, após o regramento infraconstitucional".[122]

Partindo do pressuposto de que não há norma constitucional destituída de eficácia, Maria Helena Diniz ressalta que haveria um gradualismo na eficácia das normas constitucionais, por não serem idênticas quanto à produção de seus efeitos e à sua intangibilidade ou emendabilidade.

Manoel Gonçalves Ferreira Filho classifica as normas constitucionais em normas exeqüíveis de modo pleno e imediato e em normas não exeqüíveis de modo pleno e imediato. As normas exeqüíveis de modo pleno e imediato seriam regras bastantes em si, completas, que independeriam da edição de preceitos que as desdobrassem; para ele, no rol das normas exeqüíveis, independentemente da terminologia, se incluiriam "as regras *self-executing* de Cooley, as 'auto-aplicáveis' de Rui, as 'bastantes em si' de Pontes de Miranda, as de 'eficácia plena' de Crisafulli, as de 'eficácia plena' e as de 'eficácia contida' de José Afonso da Silva, e obviamente as 'normas exeqüíveis' de Jorge Miranda".[123] O mencionado doutrinador teceu críticas severas às normas de eficácia contida, como categoria autônoma, de José Afonso da Silva, inquinando-as de cientificamente falhas,[124] críticas essas abordadas no terceiro

---

[122] Maria Helena Diniz, *op cit.*, p. 114.

[123] FERREIRA FILHO, Manoel Gonçalves. *A aplicabilidade das normas constitucionais*. In: Antologia luso-brasileira de Direito Constitucional. Paulo Lopo Saraiva (coord.). Brasília: Liv. e Edit. Brasília Jurídica, 1996 (texto extraído do livro *Direito Constitucional Econômico*, São Paulo: Saraiva, 1990, p. 132-145).

[124] Para Manoel Gonçalves Ferreira Filho (*op. cit.*, p. 218/220), "sem embargo do merecido respeito de que desfruta o Prof. José Afonso da Silva, a sua lição, a propósito da classificação das normas constitucionais quanto à eficácia e à aplicabilidade, é falha cientificamente falando. Não pode ser seguida. É certo que toda norma constitucional é jurídica, não havendo disposições meramente diretivas numa Constituição contemporânea. É certo, conseqüentemente, que toda norma constitucional goza de um mínimo de eficácia ou aplicabilidade, sem o que não seria jurídica. Goza ela, pelo menos, da eficácia pelo lado negativo, na medida em que a regra que a contrarie, seja constitucional, legal ou regulamentar, perde a própria eficácia em razão de sua superveniência; é norma constitucional 'ab-rogada'. Igualmente, a eficácia mínima de uma norma constitucional é a de impedir a formação válida de regra de nível inferior que a contradiga, maculada esta, como será, de inconstitucionalidade. E decorrência de tal eficácia mínima é, evidentemente, uma aplicabilidade mínima. É indubitável, porém, que inúmeras normas constitucionais não são completas, de modo que só poderão gozar de plena eficácia se forem complementadas pelo legislador. Tais normas evidentemente não têm aplicabilidade integral, enquanto não forem, como se diz, 'regulamentadas'. É indiscutível, por outro lado, que há normas constitucionais que têm a plenitude da eficácia e aplicabilidade imediata. São estas as normas em si completas, normas estas a que nenhuma outra condiciona ou susta na sua aplicabilidade. Há assim no ordenamento constitucional, como observou Crisafulli que o próprio José Afonso da Silva cita, *duas espécies de normas quanto à eficácia e à aplicabilidade*. De um lado, as *normas de eficácia plena e aplicabilidade integral*; de outro, *normas de eficácia limitada e aplicabilidade mínima*. Estas últimas são as *'normas de eficácia limitada'*, na colocação de Crisafulli, as *'normas constitucionais de eficácia limitada ou reduzida'*, na terminologia de José Afonso da Silva. As primeiras são

capítulo da presente obra. As normas não-exeqüíveis de modo pleno e imediato seriam, ao contrário, "aquelas que o constituinte pôs na dependência de desdobramentos posteriores, até os quais são elas insuscetíveis de efetivação",[125] dentre as quais se incluiriam as regras incompletas, sejam as propriamente ditas, sejam as de estruturação ou princípio institutivo, e as normas propriamente programáticas.

Para José Joaquim Gomes Canotilho, todas as normas constitucionais seriam atuais e suscetíveis de aplicabilidade direta, embora variável na medida em que exequíveis por si mesmas.[126] As normas definidoras de direitos, liberdades e garantias fundamentais, bem como as normas organizatórias e de competência, seriam dotadas de aplicabilidade direta consubstanciada na independência de intervenção legislativa, valendo as primeiras diretamente contra a lei nas hipóteses em que estabelecidas restrições em desconformidade com a Constituição, assim como valendo as segundas de modo direto, independentemente de posterior atuação por meio da lei. Já as normas programáticas, ou, noutros termos, as normas-fim e as normas-tarefa, seriam dotadas de aplicabilidade direta consubstanciada na vinculação diretiva do legislador e da administração, na vinculação interpretativa e aplicativa do julgador e em limite negativo às leis consagradoras de disciplina contrária.

---

as *normas de eficácia plena*. Nesta categoria, incluem-se tanto as que José Afonso da Silva denomina '*normas constitucionais de eficácia plena*', como as que ele designa como '*normas constitucionais de eficácia contida*'. Não há razão para distinguir entre norma de 'eficácia plena' e 'norma de eficácia contida' quanto à aplicabilidade. Ambas são normas completas, que incidem imediatamente sobre os interesses que regulam, ambas têm aplicabilidade direta e imediata. *A distinção estaria em que as 'normas constitucionais de eficácia plena' não poderiam ter o seu alcance restringido pelo legislador ordinário, enquanto as 'normas constitucionais de eficácia contida' o poderiam ter 'nos termos que a lei estabelecer ou nos termos dos conceitos gerais nelas enunciados'* (José Afonso da Silva, *Aplicabilidade das normas constitucionais*, cit., p. 108). Esta distinção, porém, não concerne propriamente à eficácia nem à aplicabilidade, pois nos dois casos esta é imediata e aquela é plena. Diz respeito, isto sim, à possibilidade de restrição da eficácia e conseqüentemente da aplicabilidade pela ação do legislador: algumas normas seriam irrestringíveis, limitáveis, ou seja, seriam de eficácia 'contida' (quando mais claro seria dizer de eficácia 'restringível'); outras, não. *Vê-se, portanto, que a distinção feita por José Afonso da Silva, entre 'normas de eficácia plena' e 'normas de eficácia contida' não separa duas espécies de normas quanto à eficácia, mas duas subespécies de normas em que está presente a plenitude da eficácia. Rigorosamente, a lição de José Afonso da Silva levaria, dentro da lógica, a distinguir duas espécies de normas quanto à eficácia e à aplicabilidade: as normas plenamente eficazes e de aplicação desde a sua vigência; e as eficácia limitada e aplicabilidade reduzida. E a subdivisão das primeiras em: normas plenamente eficazes propriamente ditas (as que ao ver de José Afonso da Silva não poderiam ter o seu alcance restringido pelo legislador) e normas de eficácia plena e aplicabilidade integral mas restringível pelo legislador*" (grifei).

[125] *Ibidem*, p. 223.

[126] CANOTILHO, José Joaquim Gomes. *Direito Constitucional e Teoria da Constituição*. 2. ed., Coimbra: Livraria Almedina, 1997, p. 1.052-1.054.

Utilizando noções de abertura e densidade, José Joaquim Gomes Canotilho refuta as noções positiva e negativa de auto-executividade, como deflui das seguintes lições:

"A abertura de uma norma constitucional significa, sob o ponto de vista metódico, que ela comporta uma *delegação* relativa aos órgãos concretizadores; a *densidade*, por sua vez, aponta para a maior proximidade da norma constitucional relativamente aos seus efeitos e condições de aplicação.
A abertura e a densidade são 'grandezas variáveis' não se podendo dizer, como é ainda hoje corrente na doutrina juspublicística, que há *normas constitucionais exeqüíveis por si mesmo e normas constitucionais não exeqüíveis por si mesmo* (cfr., porém, CRP, art. 283°). Em nenhum dos casos é possível descortinar, nas normas constitucionais, um 'programa-condicional' (Luhmann) reconduzível a um simples esquema subsuntivo: se a norma constitucional estabelece um pressuposto de facto, então os concretizadores da constituição (o legislador, o juiz e a administração) têm de adoptar certos e determinados comportamentos".[127]

Dentre outras classificações que adota, Jorge Miranda classifica as normas constitucionais, de um lado, em normas constitucionais preceptivas e normas constitucionais programáticas e, de outro lado, em normas constitucionais exeqüíveis e não-exeqüíveis por si mesmas. Para Jorge Miranda, as normas constitucionais preceptivas têm eficácia incondicionada ou não-dependente de condições institucionais ou de fato, e as normas constitucionais programáticas, dirigidas a certos fins e a transformações sociais ou da realidade social, implicam a verificação pelo legislador, no exercício de um verdadeiro poder discricionário, da possibilidade de as concretizar.[128] Já as normas exeqüíveis por si mes-

---

[127] *Ibidem*, p. 1.055.

[128] Especificamente quanto às normas constitucionais programáticas, Jorge Miranda leciona que "as normas programáticas são de aplicação diferida, e não de aplicação ou execução imediata; mais do que comandos-regras explicitam comandos-valores; conferem «elasticidade» ao ordenamento constitucional; têm como destinatário primacial – embora não único – o legislador, a cuja opção fica a ponderação do tempo e dos meios em que vêm a ser revestidas de plena eficácia (e nisto consiste a discricionariedade); não consentem que os cidadãos ou *quaisquer* cidadãos as invoquem *já* (ou imediatamente após a entrada em vigor da Constituição), pedindo aos tribunais o seu cumprimento só por si, pelo que pode haver quem afirme que os direitos que delas constam, *maxime* os direitos sociais, têm mais natureza de expectativas que de verdadeiros direitos subjectivos; *aparecem, muitas vezes, acompanhadas de conceitos indeterminados ou parcialmente indeterminados*. Contudo, nenhum desses traços definidores (ou outros critérios que se utilizem para a contraposição diante das normas preceptivas) briga com a juridicidade das normas programáticas: nem a eficácia diferida ou a elasticidade queridas pelo legislador constituinte – porque a dimensão *prospectiva* é também uma dimensão do ordenamento jurídico, pelo menos no Estado

mas são aplicáveis por si só, sem necessidade de lei que as complemente, ao passo que as não-exeqüíveis por si mesmas carecem de normas legislativas que as tornem plenamente aplicáveis às situações da vida.

Em lugar dessas duas classificações, o referido jurista acaba propondo uma classificação alternativa com três categorias. Isso porque essas duas classificações apresentariam apenas diferenças de estrutura e de projeção no ordenamento, mas não diferença de natureza ou de valor, afigurando-se, a rigor, parcialmente sobrepostas. Na dicção de Jorge Miranda:

> "Os prismas em que assentam não se confundem. Ao passo que entre as normas preceptivas e as programáticas *a diferença se situa na interacção com a realidade constitucional* – suceptível ou não de ser, só por força das normas constitucionais, imediatamente conformada de certo modo – entre as normas exeqüíveis e as normas não exeqüíveis *o critério distintivo está nas próprias normas e vem a ser a completude ou incompletude destas.*
> Precisando um pouco melhor o que são as normas não exeqüíveis por si mesmas, dir-se-á que nelas se verifica – por motivos diversos de organização social, política e jurídica – um desdobramento: por um lado, um comando que substancialmente fixa certo objectivo, atribui certo direito, prevê certo órgão; e, por outro lado, um segundo comando, implícito ou não, que exige do Estado a realização desse objectivo, a efectivação desse direito, a constituição desse órgão, *mas que fica dependente de normas que disponham as vias ou os instrumentos adequados a tal efeito.*
> *É a necessidade de complementação por normas legislativas, de interpositio legislatoris nesse sentido, integrando-a num quadro mais amplo, para que realize a sua finalidade específica, que identifica a norma constitucional não exeqüível por si mesma*"[129] (grifei).

Nessa esteira, adotando um esquema alternativo, passa a classificar as normas constitucionais, a partir dos sucessivos graus de efetivi-

---

social e pelo menos de certas Constituições; nem o mais próximo contato em que possam estar com certos valores (ou certos valores *novos*) do ordenamento; nem o avultar do legislador como destinatário – porque numerosas são outras normas constitucionais, designadamente orgânicas, dirigidas a órgãos ou a titulares de órgãos do Estado; nem o poder discricionário – porque este é um poder jurídico; nem a impossibilidade de quaisquer cidadãos exercerem só por si os direitos que as normas programáticas atribuam – porquanto podem ser muito diversas as posições dos cidadãos perante as normas jurídicas; *nem a indeterminação – pois, segundo os cânones de interpretação, o que importa é a determinabilidade dos conceitos*" (grifei) (MIRANDA, Jorge. *Manual de Direito Constitucional.* Tomo II. 3. ed., reimp., Coimbra: Coimbra Editora, 1996, p. 244/245).
[129] *Ibidem*, p. 246/247.

dade (ou eficácia) intrínseca das normas, em normas constitucionais exeqüíveis por si mesmas; em normas preceptivas não-exeqüíveis por si mesmas; e em normas programáticas,[130] reportando-se à classificação de José Afonso da Silva para asseverar que as normas exeqüíveis por si mesmas da sua classificação corresponderiam às normas de eficácia plena da classificação de José Afonso da Silva, bem como que as normas preceptivas não exeqüíveis por si mesmas e as normas programáticas corresponderiam, afinal, às normas de eficácia limitada da classificação de José Afonso da Silva, ficando as normas de eficácia contida da referida classificação à margem da sua classificação, embora lhe pareça que reconduziriam a normas preceptivas.

De acordo com Paulo Bonavides,[131] a necessidade de uma reflexão mais profunda sobre um esquema classificatório das normas constitucionais só surgiu a partir do século XX, pois os constitucionalistas do Estado Liberal não se defrontaram com o problema da juridicidade das normas programáticas.[132] Adota este jurista uma classificação tripartite, identificando normas constitucionais imediatamente preceptivas, ou de eficácia direta, normas de eficácia diferida e normas programáticas.

Por normas imediatamente preceptivas, ou de eficácia direta, em consonância com a noção de Vezio Crisafulli, entende "aquelas que diretamente 'regulam relações entre cidadãos, e entre o Estado e os cidadãos'".[133]

Reconhecendo eficácia jurídica às normas programáticas, que comportariam graus diferenciados de generalidade, e ainda conforme a noção de Vezio Crisafulli, Paulo Bonavides identifica dois tipos de normas programáticas, as *stricto sensu* e as *lato sensu*, reconhecendo autonomia apenas às normas programáticas *stricto sensu*.

---

[130] Para Jorge Miranda (*op. cit.*, p. 248), "quer as normas programáticas quer as normas preceptivas não exeqüíveis por si mesmas *caracterizam-se pela relevância específica do tempo, por uma conexa autolimitação e pela necessidade de concretização, e não só de regulamentação legislativa.* Separam-se, no entanto, por as normas preceptivas não exeqüíveis por si mesmas postularem apenas a intervenção do legislador, actualizando-as ou tornando-as efectivas, e as normas programáticas exigirem mais do que isso, exigirem não só a lei como providências administrativas e operações materiais. As normas não exeqüíveis por si mesmas preceptivas dependem apenas de fatores jurídicos e de decisões políticas; as normas programáticas dependem ainda (e sobretudo) de factores económicos e sociais" (grifei). Quando Jorge Miranda utiliza o termo concretização, ele o emprega, aqui, no sentido de concretização legislativa, ou, mais apropriadamente, de atualização legislativa.

[131] BONAVIDES, Paulo. Curso de Direito Constitucional. 7. ed., rev., atual. e ampl., São Paulo: Malheiros, 1997.

[132] Ao que parece, os constitucionalistas do Estado Liberal não teriam se defrontado com este problema porque, à época, operavam com o processo hermenêutico sem a participação dos princípios.

[133] *Op. cit.*, p. 224.

Normas programáticas *stricto sensu* seriam aquelas "com que o legislador, ao invés de regular imediatamente um certo objeto, preestabelece a si mesmo um programa de ação, com respeito ao próprio objeto, obrigando-se a dele não se afastar sem um justificado motivo",[134] sendo dotadas de dupla eficácia: eficácia imediata quanto a comportamentos estatais e eficácia mediata quanto às matérias a que se referem e que não regulam diretamente.

Já as normas programáticas *lato sensu*, como os princípios gerais e os princípios constitucionais, categoria na qual se compreenderia a grande maioria das normas constitucionais, "dirigidos à direta e imediata disciplina de certas matérias", ou destinados a disciplinar "desde o início e de modo direto, determinadas relações", entrariam na categoria das normas de eficácia imediata, pois "da norma que funciona como princípio geral, decorre uma série bastante numerosa de normas particulares", o que representaria a adoção de uma determinada linha de desenvolvimento da respectiva ordenação jurídica.[135]

A caracterização autônoma de normas de eficácia diferida como (terceira) categoria representa para Paulo Bonavides um significativo passo no sentido de afastar dificuldades e equívocos que anuviam a compreensão das normas constitucionais programáticas, pois "os dois conceitos, embora confinantes e por vezes obscuros, ambíguos e colidentes (...), devem ser demarcados com toda a clareza possível".[136]

E assevera que "a insistência da crítica em mostrar a dificuldade de fazer independentes as duas categorias normativas recai de preferência nesse ponto deveras delicado: o da analogia básica e característica das duas regras, que na prática somente podem desdobrar sua eficácia ou lográ-la em toda a sua plenitude mediante interveniência legislativa ou administrativa ulterior, requerendo portanto uma indispensável *interpositio auctoritas*, traduzida em leis ou atos de intermediação".[137]

E prossegue afirmando:

"Acontece porém que tocante às normas não programáticas, a saber, as de eficácia diferida, as exigências de uma legislação posterior que lhes complete a eficácia são de ordem ou natureza meramente técnica e instrumental.

Com as normas programáticas propriamente ditas, isso porém não ocorre, porquanto tal necessidade de uma ulterior normação decor-

---

[134] *Op. cit.*, p. 222.
[135] *Op. cit.*, p. 221.
[136] *Op. cit.*, p. 224.
[137] *Op. cit.*, p. 225.

re, como bem assinalou Crisafulli, de 'sua intrínseca natureza jurídica de preceitos dirigidos só aos órgãos legislativos', tendo por isso 'caráter logicamente essencial'".[138]

Levando em conta os destinatários da norma, Paulo Bonavides ressalta que as normas programáticas, entenda-se as *stricto sensu*, teriam a sua eficácia circunscrita apenas a órgãos legislativos, e, quando muito, a órgãos executivos, ao passo que as normas de eficácia diferida alcançariam, desde o primeiro momento, tanto o Estado quanto os cidadãos.

Afirma, ainda, que:

"As normas de eficácia diferida trazem já definida, intacta e *regulada pela Constituição* a matéria que lhes serve de objeto, a qual depois será apenas efetivada na prática mediante atos legislativos de aplicação. Não são promessas cujo conteúdo há de ser ministrado ou estabelecido *a posteriori* pela autoridade legislativa interposta, como ocorre com as normas programáticas *stricto sensu*.

As normas de eficácia diferida, para aplicarem a matéria a que diretamente se referem, precisam apenas de meios técnicos ou instrumentais. Desde o primeiro momento, sua eficácia ou aplicabilidade *pode* manifestar-se de maneira imediata, posto que incompleta, ficando assim, por exigências técnicas, condicionadas à emanação de sucessivas normas integrativas".[139]

E conclui Paulo Bonavides que há nas Constituições "normas que não se dirigem unicamente aos poderes do Estado, mas indistintamente, desde o primeiro momento, aos cidadãos e aos órgãos estatais, não tendo por conseguinte natureza programática, e somente desdobrando sua inteira eficácia através de meios instrumentais ou leis organizativas posteriores, capazes de permitir sua aplicabilidade às matérias de que diretamente se ocupam. São as normas de *eficácia diferida*".[140]

Outrossim, para Ingo Wolfgang Sarlet:

"(...) os critérios da ulterior restringibilidade (que, para Maria H. Diniz e José Afonso da Silva, justificam a criação de um grupo distinto de normas constitucionais), bem como o da proteção reforçada das normas incluídas no rol das assim denominadas 'cláusulas pétreas' da Constituição (Maria H. Diniz) não deixam de ter relevância para outros efeitos, mas em nada alteram o fato de que,

---

[138] *Op. cit.*, p. 225.
[139] *Op. cit.*, p. 225.
[140] *Op. cit.*, p. 227.

relativamente à eficácia jurídica (sob o aspecto da aptidão para gerar efeitos) e no que concerne à necessidade de uma *interpositio legislatoris* para viabilizar a plenitude dos efeitos peculiares a cada norma, virtualmente se pode constatar a existência de dois grupos de normas constitucionais, razão pela qual é de dar preferência às classificações de natureza dúplice, tal como o fizeram, entre nós, Meirelles Teixeira e – mais recentemente – Celso Bastos e Carlos A. Britto".[141]

Ingo Wolfgang Sarlet adota uma classificação de natureza dúplice, identificando, por um lado, *normas constitucionais de alta densidade normativa*, que seriam dotadas de suficiente normatividade, encontrando-se aptas a, diretamente e sem a intervenção do legislador infraconstitucional, gerar os seus efeitos essenciais (independentemente de uma ulterior restringibilidade), e, por outro lado, *normas constitucionais de baixa densidade normativa*, que não possuiriam normatividade suficiente para – de forma direta e sem uma *interpositio legislatoris* – gerar seus efeitos principais, sendo que, em virtude de uma normatividade mínima (presente em todas as normas constitucionais), sempre apresentariam certo grau de eficácia jurídica.[142]

Observa que, caso optasse por alguma outra terminologia já referida na doutrina, adotaria a nomenclatura utilizada por Meirelles Teixeira, identificando nas "normas de eficácia plena" e nas "normas de eficácia limitada, ou reduzida" os dois tipos de normas constitucionais que admite autônomos.

Reconhecendo como pertinente a crítica de Celso A. Bandeira de Mello a José Afonso da Silva quanto à efetividade, Ingo Wolfgang Sarlet[143] ressalta que José Afonso da Silva não teria declinado os motivos pelos quais certas normas de eficácia plena outorgariam aos particulares uma posição jurídica mais frágil, como pode ocorrer com as normas de competência, inviabilizando a formação de um paralelismo exato e necessário entre cada tipo de norma e a posição jurídica gerada para os particulares.

De outro lado, após confrontar a noção de efetividade com a noção de eficácia, como anteriormente mencionado, Tércio Sampaio Ferraz Júnior adota a classificação de José Afonso da Silva, oferecendo uma singular distinção entre normas de eficácia plena, contida e limitada, na medida em que aborda a questão a partir de concepções ditas sintática

---

[141] SARLET, Ingo Wolfgang. *A eficácia dos direitos fundamentais.* Porto Alegre: Livraria do Advogado, 1998, p. 225.

[142] *Op. cit.,* p. 226.

[143] *Op. cit.,* p. 228.

e semântica de efetividade, reportando-se ao ângulo pragmático, que combinaria as referidas concepções.[144]

---

[144] Conforme suas lições, "do ângulo pragmático, há uma combinação dos sentidos anteriores. Efetiva é a norma cuja adequação do relato e do cometimento garante a possibilidade de se produzir uma heterologia equilibrada entre editor e endereçado. Este equilíbrio significa que o cometimento é tranqüilo, permanecendo em segundo plano, de tal modo que os efeitos podem ser produzidos. Ao contrário, se pelo relato se exprime mal o cometimento ou se o faz de modo limitado (a norma faz referência a sujeitos ou a condições de aplicação que ela não especifica), o seu cometimento fica intrinsecamente afetado em diversos graus. Isto, evidentemente, pode ocorrer por uma falha, mas, também, por motivo de controle, de modo intencional. *Uma norma pode, assim, ser plenamente eficaz, se a possibilidade de produzir os efeitos previstos decorre dela imediatamente (por exemplo, uma norma revoga outra: o efeito extintivo é imediato), contidamente eficaz, se a possibilidade é imediata, mas sujeita a restrições por ela mesma previstas (por exemplo, normas que prevêem regulamentação delimitadora), limitadamente eficaz, se a possibilidade de produzir os efeitos é mediata, dependendo de normação ulterior (por exemplo, as normas programáticas).* No primeiro caso, o relato da norma é adequado ao cometimento: a meta complementariedade não sofre restrições. No segundo caso, a adequação é parcial, a relação de autoridade não sofre restrições, senão as por ela mesma previstas, mas que ainda não ocorreram. No terceiro caso, a adequação está no limiar da inadequação, exercendo-se a relação de autoridade apenas num sentido negativo: é possível reconhecer o que o sujeito não deve fazer, mas não o que ele deve fazer. Note-se que a efetividade no sentido pragmático não se confunde com o sentido meramente semântico ou sintático. *O sentido sintático prescinde do nível cometimento e vê a efetividade como mera relação entre o relato de uma norma e as condições que ela mesma estabelece (que podem estar em outra norma) para a produção dos efeitos.* Prescinde também da relação para com os comportamentos de fato ocorridos e não vê nenhuma influência entre a obediência efetiva da norma e a possibilidade de produção de efeitos. O sentido semântico liga diretamente efetividade e obediência de fato, não prevendo, por conseguinte, os casos de desobediência de normas eficazes (no sentido técnico). Podemos dizer, em conseqüência, que, no nível semântico da análise, uma norma será tanto mais efetiva quanto mais as ações ou omissões exigidas ocorram. *O sentido jurídico da efetividade, contudo, atende mais ao plano pragmático*, podendo dar-se, como dissemos, uma norma eficaz (possibilidade de produzir efeitos) que não seja de fato obedecida e aplicada. Por exemplo, uma norma revoga a outra, produzindo imediatamente os seus efeitos, pois manifesta adequadamente a relação meta complementar de autoridade, mas cumprida socialmente continua a ser norma revogada. A distinção é importante. A adequação meramente semântica nos obriga a considerar a questão – sociológica – dos motivos pelos quais a norma é ou não cumprida. A adequação pragmática evita o problema de se saber se a regularidade (ou irregularidade) da conduta tem por motivo a norma, *pois importante é a qualificação dos efeitos jurídicos.* Um sujeito pode cumprir regularmente um comportamento movido por vários motivos (hábito, medo, esperteza, razões econômicas, políticas, etc.). Para a adequação semântica, o importante é o fato da obediência regular. *Para a pragmática importante é a relação meta complementar e, em conseqüência, e as condições de aplicabilidade, exigibilidade ou executoriedade da norma,* ainda que ela seja ou esteja sendo regularmente desobedecida. *Apesar disso, há uma conexão com o aspecto semântico e com o sintático.* Como, pragmaticamente, a efetividade é relação de adequação entre o relato e o cometimento de uma norma, o sentido, como dissemos, é inclusivo, abarcando o nível sintático e semântico. Uma norma efetiva, deve atender a condições que o seu próprio relato estabelece, ligando-as, também, ao relato de outras normas, mas tem de levar em conta a relação meta complementar estabelecida, a qual pode ser afetada pelo fato da obediência ou desobediência. *Assim, embora os três níveis (pragmático, semântico e sintático) não se confundam, eles guardam uma conexão que se torna manifesta toda vez que o ângulo privilegiado da análise é pragmático. A distinção entre efetividade plena, contida e limitada, releva o aspecto sintático, mas reflete no cometimento. Assim, a distinção entre as normas de efetividade limitada e contida contém um elemento nitidamente pragmático, qual seja, limitar a expansão da eficácia normativa, aumentando ou diminuindo ou transformando a relação meta complementar (imposição total ou parcial de complementaridade ou de simetria)"* (grifei) (*op. cit.,* p. 117-120).

A aplicabilidade e a concretização das normas constitucionais

3. Reflexão sobre as classificações revisitadas

3.1. ENFOQUE DAS CLASSIFICAÇÕES SOB O PONTO DE VISTA TERMINOLÓGICO

As classificações das normas constitucionais quanto à respectiva eficácia, *sob o ponto de vista terminológico*, reconduzem à delimitação do sentido e do alcance das idéias de norma preceptiva, de norma não auto-executável ou não auto-aplicável, de norma intangível e de norma-princípio e norma-regra.

Embora a doutrina italiana tenha inicialmente relacionado a idéia de "norma preceptiva" à noção de vínculo obrigatório quanto a relações e situações da vida real – afastando, portanto, o caráter preceptivo das normas programáticas – Vezio Crisafulli rechaçou essa co-relação, asseverando que mesmo as normas programáticas seriam dotadas de preceptividade, sendo todas as normas constitucionais dotadas de caráter normativo, visto que, devido ao princípio da hierarquia das fontes, todas as normas constitucionais gerariam vínculo obrigatório, e não apenas diretivo.

Ocorre que a idéia de preceptividade sempre foi associada à idéia de eficácia normativa direta quanto a relações e situações da vida real, eficácia da qual as normas programáticas seriam desprovidas. Contudo, Vezio Crisafulli trouxe à baila duas noções relevantes sobre o objeto das normas programáticas, que teriam por objeto imediato o Estado e por objeto mediato a regulação de relações e situações da vida real. Assim sendo, a idéia de "norma preceptiva" deveria ser associada à eficácia direta quanto ao objeto imediato das normas, não se podendo olvidar que as normas programáticas gerariam vínculo obrigatório direto para o Estado.

De qualquer forma, a idéia de aplicabilidade direta não poderia ser confundida com a idéia de "norma preceptiva", diferenciando-se, neste ponto, as noções oferecidas por José Afonso da Silva e por José Joaquim Gomes Canotilho. Para José Afonso da Silva, a aplicabilidade direta relacionar-se-ia à aplicação direta da norma a relações e situações da vida real, ao passo que para José Joaquim Gomes Canotilho a aplicabilidade direta se relacionaria à aplicação direta da norma quanto ao seu objeto imediato. No fundo, para José Afonso da Silva o dado relevante deveria ser extraído do mundo real, ainda que se levasse em conta o objeto mediato das normas de eficácia limitada, enquanto para José Joaquim Gomes Canotilho o dado relevante deveria ser extraído do mundo jurídico, levando-se em conta apenas o objeto imediato das normas constitucionais, embora Canotilho não faça esta distinção entre mundo real e mundo jurídico quando analisa esta matéria.

Nesse contexto, embora a noção oferecida por José Joaquim Gomes Canotilho apresente maior objetividade ao levar em conta indiscriminadamente o objeto imediato de todas as normas, parece mais adequado à noção de aplicabilidade adotada nesta obra (capítulo 1) adotar a noção de José Afonso da Silva, postada na relevância da aplicabilidade da norma a relações e situação da vida real, isto é, em um dado da vida real, mesmo porque quase todas as classificações doutrinárias levaram em conta esse dado da vida real.[145] Primeiro, porque a noção de norma programática, de eficácia diferida ou de eficácia limitada das classificações doutrinárias partiu exatamente desta premissa, na grande maioria das vezes. Segundo, porque, enquanto a eficácia consubstanciaria uma potencialidade, a aplicabilidade consubstanciaria uma realizabilidade, uma praticidade, uma expressão da eficácia sob o ângulo do aplicador do direito, o qual, na concretização jurisdicional, leva em conta aspectos da vida real na solução do caso concreto. De qualquer sorte, não se pode olvidar que mesmo as normas de eficácia limitada ostentam eficácia direta quanto ao seu objeto imediato, gerando, desde já, vínculo jurídico obrigatório quanto ao Legislativo, ao Judiciário e ao Executivo.

---

[145] É por isso que muitas classificações negaram, no passado, o caráter normativo das normas programáticas (Carlos Maximiliano e Ruy Barbosa, v.g.), que seriam tidas por não-preceptivas (Gaetano Azzariti e Ugo Natoli, v.g.), já que a sua aplicação às relações e situações da vida real, mediante interpretação e integração normativa, dar-se-ia apenas de forma indireta. De qualquer sorte, com o avanço da ciência jurídica, constatou-se que mesmo as normas programáticas, ou de eficácia diferida ou de eficácia limitada teriam sempre uma aplicabilidade direta à realidade, seja negativa, não recepcionando normas anteriores com ela incompatíveis ou gerando a invalidade de normas supervenientes conflitantes, seja positiva, como parâmetro de interpretação e integração e como objetivo a ser perseguido pelo Estado.

Com efeito, considerando que todas as normas constitucionais são dotadas de preceptividade (e de eficácia direta quanto ao seu objeto imediato), *terminologicamente* as classificações que utilizam a idéia de preceptividade não mais se sustentam no estágio atual de desenvolvimento da ciência jurídica.[146]

Por outro lado, levando em conta que mesmo as normas não auto-executáveis ou não auto-aplicáveis consubstanciariam normas cogentes, isto é, normas que incidem obrigatoriamente e independentemente da vontade dos interessados, produzindo alguns efeitos imediatos, *terminologicamente* as classificações que utilizam a idéia de não-auto-executoriedade ou não-auto-aplicabilidade também não se sustentam atualmente,[147] posto que geram a idéia equivocada de que certas normas não teriam qualquer eficácia direta, como já foi objeto de crítica por parte de Meirelles Teixeira (capítulo 2 desta obra).

De outra parte, ainda, consistindo a eficácia numa aptidão da norma para a produção de efeitos jurídicos, a expansão ou a contenção da eficácia das normas também se apresenta relevante sob o ponto de vista terminológico, por tratar-se de questão interna à própria eficácia. Já a possibilidade ou impossibilidade de modificação da norma, não parece envolver uma questão interna ou inerente à própria eficácia, razão pela qual, *terminologicamente*, as classificações que utilizam as idéias de tangibilidade e de intangibilidade não se sustentam atualmente por ausência de coesão interna, dada à discrepância de critérios (*eficácia*, como aptidão para a produção de efeitos jurídicos, *versus modificabilidade*, como possibilidade de revisão constitucional).[148]

Ademais, com Vezio Crisafulli se iniciou um debate acerca da categorização dos princípios como normas,[149] debate esse que, no Brasil, foi capitaneado por Paulo Bonavides e Eros Roberto Grau.[150] Na linha de pensamento desses autores,[151] as normas seriam o gênero do

---

[146] A exemplo das classificações de Gaetano Azzariti, Ugo Natoli e Georges Burdeau.

[147] A exemplo das classificações de Ruy Barbosa, Pontes de Miranda e Vitor Nunes Leal.

[148] A exemplo das classificações de Luís Pinto Ferreira e de Maria Helena Diniz.

[149] *La costituzione e le sue disposizioni di principio*. Milano: Giufré Editore, 1952; debate este posteriormente aprofundado por Robert Alexy [*Teoría de los derechos fundamentales*. Madrid: Centro de Estudios Políticos y Constitucionales, 1993 (edição original de 1986)].

[150] Com base nas idéias de Cooley, Ruy Barbosa confunde a noção de princípios com a noção de normas não auto-executáveis, asseverando que quando as normas meramente indicassem princípios, sem estabelecer normas por meio das quais viessem a adquirir vigor de lei, estar-se-ia diante de normas não auto-executáveis.

[151] Que, nesta temática, se fazem acompanhar especialmente por Eduardo García de Enterría (Reflexiones sobre la Ley y los principios generales del Derecho, Madrid: Civitas), Ronald Dworkin (Los Derechos en Serio, Barcelona: Editorial Ariel), Robert Alexy (Teoria de los Derechos

qual fariam parte as regras e os princípios, sendo que ambos seriam obrigatórios. Os princípios consubstanciariam espécie de normas porque, apesar de seu maior grau de generalidade, contariam com hipótese de incidência e conseqüência jurídica, estrutura que daria vida às normas jurídicas, além de fundamentarem todas as regras do sistema jurídico a partir dos valores neles veiculados. Na dicção de Eros Roberto Grau:

> "(...) Ainda que a generalidade dos princípios seja diversa da generalidade das regras, tal como demonstra Jean Boulanger, os primeiros portam em si o pressuposto de fato (*Tatbestand*, hipótese, *facti species*), suficiente à sua caracterização como norma. Apenas o portam de modo a enunciar uma séria indeterminada de *facti species*. Quanto à estatuição (*Rechtsfolge*), neles também comparece, embora de modo implícito, no extremo completável com outra ou outras normas jurídicas, tal como ocorre em relação a inúmeras *normas jurídicas incompletas*. Estas são aquelas que apenas explicitam ou o suposto de fato ou a estatuição de outras normas, não obstante configurando norma jurídica na medida em que, como anota Larenz, existem em conexão com outras normas jurídicas, participando do sentido de validade delas".[152]

Logo, *terminologicamente*, as classificações que utilizam expressões que não comportam a inclusão das normas-princípio em qualquer categoria classificatória também não se sustentam atualmente, a exemplo da classificação de Pontes de Miranda, que somente se reporta às regras.

Dessarte, *terminologicamente*, para que uma classificação das normas constitucionais se afigure cientificamente sustentável, hoje, (1) não se pode utilizar a idéia de norma preceptiva em oposição à noção de norma programática, de eficácia diferida ou de eficácia limitada, sendo que a aplicabilidade direta deverá, preferencialmente, referir-se a relações e situações da vida real, ainda que atinente ao objeto mediato das normas programáticas, de eficácia diferida ou de eficácia limitada; (2) não se pode utilizar a idéia de norma não-auto-executável e não-auto-aplicável; (3) não se pode utilizar outro critério, estranho ao instituto da eficácia normativa em si mesmo considerado, como a intangibilida-

---

Fundamentales, Madrid: Centro de Estudios Políticos y Constitucionales) e Jorge Miranda (Manual de Direito Constitucional, Coimbra: Coimbra Editora).

[152] *A Ordem Econômica na Constituição de 1988* – interpretação e crítica. São Paulo: Ed. Revista dos Tribunais, 1990, p. 125.

de; e (4) tem de comportar a idéia de normas-princípio e de normas-regra, ainda que de forma não-expressa.

Nesse diapasão, dentre as classificações das normas constitucionais segundo o respectivo grau de eficácia, a classificação de José Afonso da Silva afigura-se mais consistente, não apenas por reportar-se a normas de eficácia plena e a normas de eficácia limitada, mas, principalmente, por reportar-se a normas de eficácia contida como uma categoria autônoma.

3.2. TRAÇOS COMUNS ENTRE AS CLASSIFICAÇÕES E NOÇÕES FUNDAMENTAIS

De qualquer forma, as classificações revisitadas nesta obra apresentam muitos pontos em comum.

Todas elas identificam, no mínimo, duas categorias de normas: as normas auto-executáveis, auto-aplicáveis, bastantes em si, ou de eficácia plena, por um lado, e as normas não auto-executáveis, não auto-aplicáveis, não bastantes em si, ou de eficácia limitada, por outro lado.

3.2.1. Eficácia indireta e eficácia negativa

Todavia, como adverte José Horácio Meirelles Teixeira, as expressões não auto-executáveis e não auto-aplicáveis podem dar a entender que as normas desta categoria não produzem, de imediato, quaisquer efeitos.[153] Ocorre que, embora Ruy Barbosa[154] não tenha reconhecido, a rigor, a irradiação de qualquer efeito imediato por esta categoria de normas, os demais doutrinadores revisitados reconheciam a irradiação de alguns efeitos para esta categoria de normas, seja em menor ou em maior grau. Certo é que esta categoria de normas apresenta duas ordens de aptidão para a produção de efeitos imediatos sobre a realidade: uma negativa, não recepcionando normas anteriores com ela incompatíveis ou gerando a invalidade de normas supervenientes conflitantes, e outra positiva, fixando os objetivos a serem necessariamente perseguidos pelo Estado.

---

[153] *Curso de Direito Constitucional*. Org. e atual. por Maria Garcia. São Paulo: Forense Universitária, 1991, p. 313..

[154] *Commentarios á Constituição Federal Brasileira*. Vol. II. São Paulo: Livraria Acadêmica (Saraiva & Cia), 1933, p. 489.

Conquanto em relação à doutrina italiana a literatura jurídica brasileira tenha, em sua maioria, tributado a Vezio Crisafulli o reconhecimento da irradiação de alguns efeitos imediatos das normas não auto-executáveis, notadamente o reconhecimento relativo à "eficácia negativa", consubstanciada na invalidação de qualquer norma infraconstitucional com ela conflitante, na verdade foi Gaetano Azzariti aquele que primeiro reconheceu a possibilidade de irradiação de efeitos imediatos para esta categoria de normas, mais especificamente apenas e tão-somente quando houvesse claro contraste, e não mera divergência, das normas infraconstitucionais posteriores, hipótese em que as normas constitucionais desta categoria teriam o condão de anulá-las.[155] De qualquer forma, Gaetano Azzariti restringiu essa eficácia imediata à legislação infraconstitucional posterior à norma constitucional,[156] ao passo que Vezio Crisafulli reconheceu essa eficácia imediata tanto em relação à legislação posterior quanto em relação à legislação anterior, a ela reportando-se, originalmente, como um limite à atuação estatal (limite negativo);[157] não se pode menosprezar, de qualquer forma, que Vezio Crisafulli chegou a negar essa eficácia a certas normas, mas, em nota de rodapé da edição inaugural de seu livro, acabou reconhecendo a todas as normas pelo menos essa eficácia.[158] Ademais, impende registrar que Vezio Crisafulli foi aquele que primeiro apontou uma eficácia indireta (limite positivo) para as normas não auto-executáveis, eficácia essa consubstanciada num referencial interpretativo, enquanto princípio geral de interpretação das normas legislativas.[159]

No Brasil, Pontes de Miranda foi o primeiro a reconhecer a irradiação de efeitos imediatos pelas regras jurídicas programáticas,[160] mas apenas em relação à legislação futura.[161] Mais tarde, José Horácio Meirelles Teixeira passou a empregar a expressão "eficácia negativa" para a designação desse fenômeno, aí então também em relação à legislação pretérita, passando, por outro lado, a reconhecer a existência de uma eficácia imediata mínima das normas de eficácia limitada ou reduzida,

---

[155] *Problemi attuali di diritto costituzionale.* Milano: Giufrè Editore, 1951, p. 99.

[156] *Op. cit.,* p. 99.

[157] *Op. cit.,* p. 67 e segs.

[158] *Op. cit.,* p. 36.

[159] *Op. cit.,* p. 72.

[160] E não exatamente pelas regras jurídicas não bastantes em si, até porque entendia ele que algumas regras jurídicas bastantes em si poderiam ser programáticas.

[161] *Comentários à Constituição de 1967, com a Emenda nº 1, de 1969.* Tomo I. 2. ed., rev., São Paulo: Editora Revista dos Tribunais, 1970, p. 127.

no aspecto positivo de aplicação, quanto ao papel interpretativo e integrador que desempenhariam em relação às outras normas.[162]

Assim sendo, impende ressaltar que a assertiva de Ruy Barbosa de que "não há, numa Constituição, clausulas a que se deva atribuir meramente o valor moral de conselhos, avisos ou lições", assim como a de que "todas têm a força imperativa de regras, ditadas pela soberania nacional ou popular aos seus órgãos",[163] merecem ser compreendidas dentro da sua ambiência, na medida em que o mencionado jurista, no contexto de sua época, não reconhecia a irradiação de efeitos imediatos pelas normas não auto-executáveis, razão pela qual acabava negando-lhes eficácia jurídica: a irradiação de todo e qualquer efeito ficaria suspensa até o advento de legislação integrativa posterior.

De outro lado, cumpre ponderar que, diferentemente das normas de eficácia limitada, as normas de eficácia contida não apresentam eficácia diferida. De acordo com Vezio Crisafulli, v.g., as normas de eficácia diferida compreenderiam as normas de legislação e as normas programáticas, sendo que somente a eficácia relativa ao seu objeto mediato (disciplina de relações e situações da vida real) é que dependeria de legislação futura regulamentadora, ou seja, a definição do conteúdo da norma ficaria diferida.[164] Já a definição do conteúdo das normas de eficácia contida da classificação de José Afonso da Silva não seria dependente de legislação futura,[165] razão pela qual não ficaria diferida, remanescendo para o legislador infraconstitucional unicamente a fixação de restrições ao exercício do direito; a definição do conteúdo da norma ficaria diferida, isto sim, na sua classificação, em se tratando de normas de eficácia limitada. Ademais, as normas de eficácia "contida" segundo a classificação de Eros Grau[166] não se enquadram na categoria autônoma desenvolvida por José Afonso da Silva, na medida em que para Eros Grau essas normas consubstanciariam normas preceptivas que somente estariam em condições de produzir efeitos quando implementadas pelo legislador infraconstitucional; daí por que as normas de eficácia "contida" de Eros Grau parecem se amoldar às normas de eficácia limitada de José Afonso da Silva.

---

162 *Op. cit.*, p. 313-316.

163 *Op. cit.*,p. 489.

164 E para Ugo Natoli as normas de eficácia diferida sequer seriam preceptivas.

165 *Aplicabilidade das normas constitucionais*. 3. ed., rev., ampl. e atual., São Paulo: Editora Revista dos Tribunais, 1998, p. 76.

166 *Direitos, conceitos e normas jurídicas*. São Paulo: Editora Revista dos Tribunais, 1988, p. 123.

Nesse compasso, a idéia de efeitos essenciais manifestada por José Horácio Meirelles Teixeira[167] afigura-se bastante producente, tendo em vista que o fato de ser ou não auto-executável, bastante em si ou auto-aplicável não depende da aptidão da norma para produzir ou não algum efeito imediato (pois, como visto, todas elas produzem efeitos imediatos), mas, sim, da aptidão da norma para produzir ou não imediatamente os seus *efeitos essenciais*, e não todos os seus efeitos possíveis.[168]

3.2.2. Efeitos essenciais: suficiência e completude

A noção de efeitos essenciais, para Meirelles Teixeira, envolve os efeitos especialmente visados pelo constituinte, os interesses protegidos pela norma,[169] devendo-se distinguir entre *suficiência* e *completude* para fins de classificação das normas. A *suficiência* da norma envolveria a sua aptidão para a produção imediata de todos os seus efeitos essenciais. Já à *completude* a que se refere Ruy Barbosa dever-se-ia atribuir um valor meramente relativo, segundo Meirelles Teixeira,[170] porquanto característica de um critério vago e imperfeito, que, consoante a crítica de Vezio Crisafulli, não levaria em conta a diferença existente entre norma e disposição, na medida em que uma norma pode resultar de várias disposições e uma disposição pode compreender várias normas, não ponderando, por conseguinte, a incompletude inerente a todas as normas, em maior ou menor grau, já que, porquanto abstratas e gerais, todas as normas dependem de interpretação para tornarem-se concretamente aplicáveis a casos singulares da vida real.

Para José Afonso da Silva, a suficiência envolve a aptidão da norma para a produção de efeitos essenciais, relacionados aos valores-fim da norma, porque o constituinte criou para isso uma normatividade suficiente.[171]

Nessa linha, e levando em conta os ensinamentos de Meirelles Teixeira e de José Afonso da Silva quanto aos critérios da *suficiência* e da *completude*, pode-se chegar às seguintes conclusões:

I) a normatividade suficiente, ou *suficiência da norma*, envolve apenas a sua aptidão para a produção imediata dos seus efeitos essen-

---

[167] *Op. cit.*, p. 320.

[168] *Op. cit.*, p. 313-316. Aliás, essa noção de efeitos essenciais vai ao encontro da idéia de aplicabilidade direta exposta por José Afonso da Silva e adotada pela maioria dos doutrinadores, exceto José Joaquim Gomes Canotilho.

[169] *Op. cit.*, p. 320.

[170] *Op. cit.*, p. 313-316.

[171] *Op. cit.*, p. 82/83.

ciais, pressupondo meramente uma análise isolada da norma, em si mesma considerada, interna;

II) a *completude da norma* envolve dois aspectos interdependentes: a independência ou dependência de legislação futura, por um lado, cuja determinação depende, por outro lado, da dimensão eficacial da norma (densidade).

No que tange à *suficiência da norma*, por *efeitos essenciais* deve-se compreender aqueles atinentes à disciplina de relações e situações da vida real, os quais, na ótica de Meirelles Teixeira, consubstanciariam os efeitos especificamente visados, não os meramente indiretos, ainda que relevantes; e, na ótica de José Afonso da Silva, consubstanciariam os valores-fim da norma. Isso porque a suficiência da norma guarda relação com a *aplicabilidade direta ou indireta da norma* a relações e situações da vida real, bem como com a idéia clássica de preceptividade. Assim sendo, em se tratando de normas de eficácia limitada, que têm por objeto imediato relações com o Estado e por objeto mediato a regulação de relações e situações da vida real, os efeitos essenciais dizem respeito não às relações com o Estado (objeto imediato), mas sim às relações e situações da vida real, em sociedade (objeto mediato), cujos interesses é que são objeto da atividade normativa. As normas de eficácia contida, de seu lado, não têm por objeto imediato o Estado, versando unicamente sobre relações e situações da vida real.[172]

Outrossim, dotadas de suficiência normativa são aquelas normas cujo comando apresenta *autonomia imperativa suficiente* para deflagrar todos os seus efeitos essenciais, referentes à disciplina da vida em sociedade.[173] Faltar-lhes-á autonomia imperativa suficiente, como lecionam Celso Ribeiro Bastos e Carlos Ayres Britto,[174] sempre que houver um defeito de conformação em qualquer um de seus elementos lógico-estruturais (hipótese, mandamento e conseqüência), remanescendo um espaço em branco a ser ocupado pelas leis de integração (fenômeno da

---

172 Como pondera Meirelles Teixeira, "a preceptividade da norma de eficácia plena, a respeito desses interesses específicos, é, portanto, direta, a respeito desses interesses, ao passo que, nas normas de eficácia limitada, no todo ou em parte, a sua preceptividade é apenas indireta" (*op. cit.*, p. 320).

173 Essa idéia de imperatividade suficiente se amolda bem à concepção pragmática de efetividade oferecida por Tércio Sampaio Ferraz Júnior, porquanto efetiva, eficaz, seria a norma cuja adequação do relato e do cometimento garantisse a possibilidade de se produzir uma heterologia equilibrada entre o editor e o "destinatário final", ou seja, o titular do direito reconhecido na norma. Logo, dependendo do tipo de relação meta complementar, relativa às condições de aplicabilidade (do ângulo do juiz), exigibilidade (do ângulo do titular do direito) ou executoriedade da norma (do ângulo do administrador), a eficácia da norma poderá vir a ser contida, restringida.

174 *Interpretação e aplicação das normas constitucionais*. São Paulo: Saraiva, 1982, p. 50.

deficiência regratória). Ademais, em contraposição à noção de deficiência regratória, ainda de acordo com esses autores, existe a noção de superabundância normativa, segundo a qual o constituinte asseguraria um direito de maior extensão do que aquele efetivamente colimado, sendo suscetível de restrição.

No que tange à completude da norma, afiguram-se relevantes dois aspectos interdependentes.

A *independência ou dependência de legislação futura* envolve uma aptidão da norma para a produção dos seus efeitos essenciais: independentemente da possibilidade de qualquer integração legislativa; independentemente de qualquer integração legislativa, mas com a possibilidade de legislação futura que restrinja o seu conteúdo; ou dependentemente de legislação futura que complete o seu conteúdo; tudo isto pressupondo, primeiro, uma análise isolada da norma, em si mesma considerada, interna, e, segundo, uma análise da norma dentro do sistema constitucional no qual se acha inserida. Nessa ordem de idéias inicialmente o seu grau de completude variaria em atenção à *produção imediata ou mediata dos seus efeitos essenciais.*

De qualquer forma, a verificação da independência, com ou sem tolerância, e da dependência da norma quanto à legislação futura se acha intimamente conexionada à *dimensão eficacial da norma* (densidade) relativamente à produção de efeitos essenciais, *hoje e sempre*, eis que, conforme José Afonso da Silva, a eficácia pode ser *integral; integral, mas restringível*, dando ensejo à contenção da eficácia normativa; ou *reduzida*, dando ensejo à expansão da eficácia normativa. Portanto, a dimensão maior ou menor da eficácia normativa dependerá dos limites e possibilidades da atuação da legislação infraconstitucional frente à norma constitucional.[175] Aliás, conforme Meirelles Teixeira, o *vocábulo plena* "não significa total, completa, exaustiva, pois já vimos que toda a norma é sempre suscetível de novas aplicações e novos desenvolvimentos; para caracterizar essa *plenitude* da eficácia será suficiente que a norma possa realizar, desde logo, seus objetivos *essenciais, específicos*, nos termos já expostos, aquilo que constitui, mais especificamente, os interesses que ela pretende proteger".[176]

Nesse contexto, a *suficiência da norma* se apresenta como o primeiro critério relevante para a classificação das normas segundo o seu grau de eficácia, e diz respeito à *aplicabilidade direta ou indireta* da norma às relações e situações da vida real nela previstas.

---

[175] *Op. cit.*, p. 82 e segs.
[176] *Op. cit.*, p. 320.

Já a *completude da norma* se apresenta como o segundo critério relevante para a classificação das normas segundo o seu grau de eficácia, sendo que, quanto à independência ou dependência de legislação futura, diz respeito à *aplicabilidade imediata ou mediata* da norma às relações e situações da vida real nela previstas, e quanto à dimensão da eficácia normativa (densidade), diz respeito à *aplicabilidade integral, integral mas restringível, e reduzida.*[177]

Por conseguinte, para fins de classificação das normas constitucionais segundo o seu grau de eficácia relevante não se afigura meramente saber se existe a possibilidade de interposição legislativa, como preconiza Carl Schmitt,[178] visto que a qualidade desta interposição legislativa variará conforme a dimensão da eficácia da norma (densidade). Neste particular, a dimensão eficacial se apresenta fundamental, já que o grau de atuação da legislação posterior é variável, sendo que se a atuação possível não comprometer a aplicação direta e imediata da norma, cuja integralidade da eficácia apenas poderá ser objeto de futura restrição legislativa, uma terceira categoria normativa, nos moldes daquela preconizada por José Afonso da Silva, concernente às normas de eficácia contida, acaba se tornando juridicamente relevante (dada a dimensão eficacial hoje e sempre) e cientificamente independente das demais categorias, com as quais não pode ser confundida.

Aliás, o critério da completude, enfocado apenas sob o ângulo da independência ou dependência de legislação futura, não pode ser utilizado isoladamente, consoante a lúcida crítica de Vezio Crisafulli, retro mencionada, segundo a qual não se pode esquecer que uma única norma pode decorrer de mais de uma disposição.

Destarte, a classificação de José Afonso da Silva afigura-se bastante consistente, devendo-se compreender as *normas constitucionais de eficácia plena* como aquelas dotadas de aplicabilidade direta, imediata e integral; as *normas constitucionais de eficácia contida* como aquelas dotadas de aplicabilidade direta, imediata e integral, mas restringível; e as *normas constitucionais de eficácia limitada* como aquelas

---

[177] As noções de abertura e de densidade oferecidas por José Joaquim Gomes Canotilho, que, de acordo com as suas lições, seriam grandezas variáveis, podem ser correlacionadas com os dois aspectos da completude normativa. Se a abertura normativa consiste numa delegação relativa aos órgãos concretizadores, então se cuida de instituto conexionado à independência ou dependência de integração legislativa. E se a densidade consiste numa maior proximidade da norma constitucional relativamente aos seus efeitos e condições de aplicação, então se cuida de instituto conexionado à densidade eficacial, o que determinará a possibilidade de aplicação imediata integral ou mediata reduzida dos efeitos essenciais da norma.

[178] *Apud* Paulo Bonavides, *op. cit.,* p. 224, nota 50.

de aplicabilidade indireta, mediata e reduzida. A propósito, cumpre ressaltar que os dois aspectos do critério da completude são tão interdependentes que as normas de aplicabilidade imediata (com eficácia plena ou contida) necessariamente têm aplicabilidade imediata integral, e as normas de aplicabilidade mediata (com eficácia limitada) necessariamente têm aplicabilidade reduzida. Isso não quer dizer, porém, que o segundo aspecto do critério da completude – a densidade – deva ser desprezado, pois uma classificação cientificamente consistente também tem de levar em conta a dimensão eficacial da norma, relativamente à produção de efeitos essenciais, hoje e sempre, na medida em que a avaliação dessa dimensão deve necessariamente estar presente numa classificação das normas quanto à eficácia, sob pena de se ponderar apenas o outro aspecto da completude, que diz respeito à independência ou dependência de legislação futura, o que tornaria uma classificação quanto à eficácia um tanto capenga. Isso porque, embora todas as normas tenham eficácia jurídica, não se pode negar que o grau de aplicabilidade, que representa apenas uma das faces do fenômeno da eficácia, pode variar; e esta variação se dá tanto no que tange à aplicabilidade direta ou indireta a situações da vida real (suficiência), quanto no que tange à produção imediata ou mediata dos seus efeitos essenciais (completude em seu primeiro aspecto – integração legislativa), e, ainda, no que tange à aplicabilidade integral, integral mas restringível, ou reduzida (completude em seu segundo aspecto – densidade).

Se a classificação quanto à eficácia aferisse a densidade normativa enfocando apenas a aplicabilidade imediata ou mediata dos efeitos essenciais da norma, estar-se-ia desprezando um dado relevante da eficácia: o grau de aplicabilidade hoje e sempre da norma. O critério da classificação não reside na aplicabilidade imediata ou mediata dos efeitos essenciais da norma, reside, isto sim, na eficácia da norma, que, nas palavras de José Afonso da Silva, consiste na "qualidade de produzir, em maior ou menor grau, efeitos jurídicos ao regular, desde logo, as situações, relações e comportamentos de que cogita".[179]

Por outro lado, cumpre salientar que, tendo José Afonso da Silva elaborado a sua classificação com base no exame da eficácia, e não com base no exame da consistência e da amplitude dos direitos imediatamente resultantes para os indivíduos, a identificação dos motivos pelos quais certas normas de eficácia plena outorgariam aos particulares uma posição jurídica mais frágil refoge ao âmbito da referida classificação.

---

[179] *Op. cit.*, p. 66.

3.2.3. Principais aspectos da eficácia e da aplicabilidade

Feitas essas considerações, a ciência jurídica reclama um reforço dos principais aspectos da eficácia e da aplicabilidade, nos seguintes termos:

A) *eficácia (no sentido amplo)*: consiste na aptidão para a produção de efeitos (quaisquer efeitos);

B) *eficácia direta*: consiste na aptidão para a produção de efeitos imediatos quanto ao objeto imediato da norma;

C) *aplicabilidade*: consiste na aptidão para a produção de efeitos essenciais (situações e relações da vida real, isto é, caso concreto), sendo que:

a) na *aplicabilidade direta* a norma tem aptidão para a produção de efeitos essenciais;

b) na *aplicabilidade indireta* a norma não tem aptidão para produzir, por si só, efeitos essenciais (depende de lei), mas tem aptidão para produzir, por si só, efeitos não essenciais;

c) na *aplicabilidade imediata* a norma tem aptidão para a produção de efeitos essenciais de forma imediata;

d) na *aplicabilidade mediata* a norma não tem aptidão para produção de efeitos essenciais de forma imediata (depende de lei);

e) na *aplicabilidade integral* a norma tem aptidão para a produção de efeitos essenciais que não poderão ser objeto de restrição infraconstitucional;[180]

f) na *aplicabilidade integral mas restringível* a norma tem aptidão para a produção de efeitos essenciais, só que esses efeitos poderão ser objeto de restrição infraconstitucional;

g) na *aplicabilidade reduzida* a norma não tem aptidão para, por si só, produzir de efeitos essenciais, salvo por intermédio de norma infraconstitucional.

3.2.4. A eficácia e a aplicabilidade das normas-princípio

Isso posto, ainda de acordo com a classificação de José Afonso da Silva, as normas constitucionais de eficácia limitada subdivir-se-iam em dois tipos: normas definidoras de princípio institutivo ou organiza-

---

[180] Considerando que para José Afonso da Silva as normas constitucionais de eficácia plena têm aplicabilidade direta, imediata e integral, forçoso é reconhecer que a sua teoria não trata da incorporação de *modo definitivo* à esfera jurídica do sujeito ativo de todos os direitos, pretensões, ações e exceções contidos na norma, o que é tratado por Marcos Bernardes de Mello *in Teoria do Fato Jurídico: plano da eficácia*, 1ª parte, 2. ed., rev., São Paulo: Saraiva, 2004, p. 45.

tivo; e normas definidoras de princípio programático. De acordo com as suas lições, quando se fala em:

"(...) normas definidoras de *princípio* institutivo, a palavra 'princípio' se apresenta na acepção própria de *começo* ou início, isto é, são *normas que contêm o início ou esquema de determinado órgão, entidade ou instituição*, deixando a efetivação, criação, estruturação ou formação para a lei complementar ou ordinária, como dá exemplo o art. 33 da Constituição: 'A lei disporá sobre a organização administrativa e judiciária dos Territórios'.
Diferentes são as *normas constitucionais de princípios gerais*, ou *normas-princípio*. Estas são, segundo Crisafulli, 'as normas fundamentais de que derivam logicamente (em que, portanto, já se manifestam implicitamente) as normas particulares regulando imediatamente relações e situações específicas da vida social'. Mais adequado seria chamá-las de *normas fundamentais* (a Constituição de 1988 as chama de *princípios fundamentais*), de que as normas particulares são mero desdobramento analítico. (...)
Mas essas normas-princípio e as de princípios gerais distinguemse basicamente daquelas que denominamos normas constitucionais de princípio ou de esquema, pois estas são de eficácia limitada e de aplicabilidade indireta, isto é, dependentes de legislação ou outra providência, enquanto aquelas são de eficácia plena e aplicabilidade imediata – auto-aplicáveis, na terminologia norte-americana."

Portanto, a classificação de José Afonso da Silva não apenas comporta a inclusão dos princípios como uma espécie de norma (as normas-princípio), como, também, expressamente se posiciona acerca da respectiva peculiar eficácia e aplicabilidade.

Embora, conforme as lições de Vezio Crisafulli, se possam distinguir dois tipos de normas-princípio – aquelas que desde já se encontram desdobradas em normas-regra particulares e aquelas que ainda não se encontram desdobradas em normas-regra particulares[181] – o que, talvez levasse o intérprete a afastar a aplicabilidade imediata daqueles princípios que desde já não estivessem desdobrados em normas-regra, forçoso é visualizar esta questão com base na especificidade da diferença existente entre princípios e regras. Portanto, se as regras se reportam diretamente a condutas ou situações determinadas e se os princípios positivam juridicamente certos valores, parece que a *aplicabilidade*

---

[181] *Op. cit.*, p. 40 e segs.

imediata ou mediata das normas-princípio, no que concerne a relações e situações da vida real, deve ser enfocada com base na *aptidão dos valores positivados pelos princípios para serem imediatamente aplicados a relações e situações da vida real*, isto independentemente de já se acharem, ou não, desdobrados em normas-regra, pois o que importa aqui é a *aptidão da norma-princípio em si mesma considerada.*[182]

Assim sendo, parece que todos os princípios que positivam valores ostentam eficácia plena e aplicabilidade imediata.[183]

---

[182] Como assevera Juarez Freitas, os princípios são *linhas mestras* de acordo com as quais se deve conduzir o intérprete (*Estudos de Direito Administrativo*. 2. ed., rev. e atual., São Paulo: Malheiros, 1997, p. 142), não se podendo olvidar que, conforme Ronald Dworkin, os princípios não pretendem estabelecer as condições necessárias à sua aplicação, na medida em que enunciam uma razão que conduz em uma só direção, sem exigir uma decisão em particular; os princípios, diferentemente das regras, não estabelecem conseqüências que se seguem automaticamente quando se satisfazem as condições previstas; eles oferecem apenas uma direção, não se podendo dizer que os princípios sejam incompletos e que precisam de exceções que os delimitem, na medida em que a enumeração de exceções aos princípios "poderia agudizar nossa percepção do peso do princípio, mas não nos proporcionaria um enunciado mais completo nem mais exato do mesmo" (*Los derechos en serio*. 3. reimpressão, Barcelona: Editorial Ariel, 1997, p. 76). Daí por que a imediata aplicabilidade dos princípios diz respeito à sua aptidão para serem imediatamente aplicados como linhas mestras e condutores de determinados valores quanto a relações e situações da vida real, haja vista que não se pode dizer que os princípios valem ou não valem na concretização de determinadas relações e situações da vida real, mas, sim, que eles se aplicam ou não se aplicam conforme o seu peso para o caso concreto. A respeito desta temática, Robert Alexy (*op. cit.*, p. 86) trata dos princípios como "mandatos de otimização", que podem ser cumpridos em diferentes graus, na medida das possibilidades reais e jurídicas. Essa noção não afasta, contudo, a idéia de aplicabilidade imediata dos princípios, posto que os princípios ostentam aptidão para serem imediatamente aplicados a casos concretos, variando apenas a maior ou menor medida ou peso da realização dos valores neles positivados. Nesse diapasão, não se pode esquecer que a solução da colisão ou conflito de regras e da colisão ou conflito de princípios resolve-se de forma diversa, adotando-se o critério da validade quanto às regras e o critério do peso quanto aos princípios, como abordam de forma elucidativa, v.g., Robert Alexy (*op. cit.*, p. 89 e segs.) e Luís Afonso Heck (O modelo das regras e o modelo dos princípios na colisão de direitos fundamentais, *Revista dos Tribunais* 781:71-78, 2000).

[183] Neste ponto, há que ser ressaltado que eventual dificuldade em se aceitar a imediata aplicabilidade dos princípios decorre de eventual dificuldade em se admitir que os princípios integram o Direito, o que remonta ao positivismo jurídico, segundo o qual o direito seria um conjunto de normas positivas. Ocorre que, além das normas-regra, existem, ainda, as normas-princípio, não se podendo olvidar que também os princípios devem ser considerados normas porque, assim como as regras, também transmitem uma *informação jurídica* (cf. Ronald Dworkin, *op. cit.*, p. 139), sendo que "tanto as regras quanto os princípios são normas porque ambos *dizem o que deve ser*. Ambos podem ser formulados com a ajuda das expressões deônticas básicas do mandato, da permissão e da proibição. Os princípios, da mesma forma que as regras, são razões para *juízos concretos de dever ser*, embora sejam razões de um tipo muito diferente. A distinção entre regras e princípios é pois uma distinção entre tipos de normas" (Robert Alexy, *op. cit.*, p. 83). Logo, o Direito compreende tanto as regras quanto os princípios, ou seja, compreende tanto as normas-regra quanto as normas-princípio. Ainda de acordo com Ronald Dworkin (*op. cit.*, p. 88 e segs.), um positivista pode sustentar que os princípios não são vinculantes, mas isso seria um erro, já que no caráter lógico do princípio não há nada que o incapacite para obrigar, sendo que quando se diz que uma norma é obrigatória isto não significa outra coisa senão que a sua linha mestra, a sua direção, deve ser seguida na decisão. Um positivista também poderia sustentar que, conquanto alguns princípios sejam obrigatórios, no sentido de que o juiz deve levá-los em conta, eles não

---

A aplicabilidade e a concretização das normas constitucionais

3.2.5. Normas de eficácia contida

Nessa ordem de idéias, parece ser equivocada a classificação das normas que asseguram um direito de maior extensão do que aquele efetivamente colimado (superabundância normativa) como norma de eficácia limitada (com aplicabilidade indireta, mediata e reduzida), na medida em que, se o comando normativo se apresenta suficiente, contando com autonomia imperativa suficiente e ausência de máculas em seus elementos lógico-estruturais, e se se apresenta dotado de completude, ostentando independência de norma ulterior e dimensão eficacial

---

podem determinar um resultado particular, o que também seria um equívoco, eis que, embora apenas as regras imponham resultados, os princípios orientam o sentido das decisões e sobrevivem mesmo quando, pelo critério do peso, não prevaleçam, sendo, nesse sentido, também obrigatórios. E, por fim, um positivista poderia sustentar que os princípios não poderiam ser considerados como direito porque a sua autoridade e o seu peso seriam discutíveis, o que também seria um erro, já que, embora não se possa demonstrar a autoridade e o peso de um princípio determinado, pode-se defender a sua autoridade e o seu peso com base no conjunto de práticas dele decorrentes, dele desdobradas. A propósito, sobre a separação entre direito e lei, veja-se o terceiro capítulo, intitulado *La separazione dei diritti dalla legge*, da obra *Il diritto mite* de Gustavo Zagrebelsky (Torino: Einaudi Contemporanea, 1992). Paralelamente a essa temática, pode-se dizer que, na medida em que a aplicação dos princípios e da dimensão negativa dos direitos muito se assemelha, acaba havendo uma certa dificuldade em se reconhecer a imediata aplicabilidade da dimensão negativa dos direitos, do que nos dá exemplo o direito social de moradia introduzido no art. 6º da Constituição Federal de 1988 pela Emenda Constitucional nº 26, de 14 de fevereiro de 2000. Observe-se que antes do advento da referida Emenda Constitucional, vacilava a jurisprudência em reconhecer a impenhorabilidade do imóvel da pessoa solteira, como ainda hoje vacila. A 6ª Turma do STJ, por exemplo, no julgamento do RESP nº 182.223, cujo voto-condutor foi proferido pelo Min. Luiz Vicente Cernicchiaro (DJU 10.05.99, p. 234), nos dá um exemplo de como uma interpretação reputada teleológica ao seu tempo, afigura-se atualmente plenamente conforme a nova redação do art. 6º da Constituição Federal, ao afirmar-se que "a Lei nº 8.009/90, no art. 1º, precisa ser interpretada consoante o sentido social do texto. Estabelece limitação à regra draconiana de o patrimônio do devedor responder por suas obrigações patrimoniais. *O incentivo à casa própria busca proteger as pessoas, garantindo-lhes o lugar para morar.* Família, no contexto, significa instituição social de pessoas que se agrupam, normalmente por laços de casamento, união estável ou descendência. Não se olvidem ainda os ascendentes. Seja o parentesco civil, ou natural. Compreende ainda a família substitutiva. *Nessa linha, conservada a teleologia da norma, o solteiro deve receber o mesmo tratamento.* Também o *celibatário* é digno dessa proteção. E mais, também o *viúvo*, ainda que seus descendentes hajam constituído outras famílias e, como normalmente acontece, passem a residir em outras casas. *'Data venia', a Lei nº 8.009/90 não está dirigida ao número de pessoas. Ao contrário – à pessoa.* Solteira, casada, viúva, desquitada, divorciada, pouco importa. *O sentido social da norma busca garantir um teto para cada pessoa.* Só essa finalidade, 'data venia', põe sobre a mesa a exata extensão da lei. Caso contrário, sacrificar-se-á a interpretação teleológica para prevalecer a insuficiente interpretação literal" (grifei). Já a 4ª Turma do STJ, em sentido contrário, mantendo a orientação que vinha adotando antes do advento da Emenda Constitucional nº 26/2000, ainda decidiu pela penhorabilidade do imóvel do solteiro que mora sozinho em sessão realizada em 12.12.2000 (RESP nº 169.239, por maioria, Rel. Min. Barros Monteiro, DJU 19.03.2001, p. 112), sem tratar expressamente do direito à moradia insculpido no art. 6º da Constituição Federal, o que acaba nos mostrando que o reconhecimento da imediata aplicabilidade da dimensão negativa dos direitos também apresenta certas dificuldades, mas que, ao fim e ao cabo, acabarão sendo resolvidas e sedimentadas pela jurisprudência que vier a predominar sobre a matéria.

(densidade) intermediária, por comportar restrição posterior, o enquadramento mais acertado destas normas parece corresponder às normas de eficácia contida da classificação de José Afonso da Silva.

Por outro lado, a identificação jurisprudencial talvez equivocada de normas de eficácia contida com normas de eficácia limitada nos casos de expressa referência a legislação futura e naqueles casos que contêm conceitos jurídicos indeterminados encontra raízes em certas lições doutrinárias.

No que tange à referência à legislação pela norma constitucional, convém iniciar o exame da questão com base em precedentes jurisprudenciais a respeito, por exemplo, do disposto no art. 40, § 5º, da Constituição Federal de 1988, na sua redação originária.[184] Pesquisando-se o assunto, é possível localizarem-se precedentes de Tribunais Regionais Federais classificando o disposto no art. 40, § 5º, ora como norma de eficácia limitada (tendo como nítida razão de decidir a referência a legislação futura, desconsiderando-se, inclusive, a finalidade da legislação admitida: o limite salarial dos servidores públicos), ora como norma de eficácia contida, e, finalmente, um precedente do Supremo Tribunal Federal classificando-o como norma de eficácia contida, a saber:

"ADMINISTRATIVO. BENEFÍCIO DE PENSÃO POR MORTE.
1. O art. 40, § 5º, da Constituição Federal (1988), que determina que o benefício da pensão por morte corresponderá à totalidade dos vencimentos ou proventos do servidor falecido, não é de aplicação imediata, uma vez que depende de ser regulado por lei.
2. A majoração da pensão vitalícia da agravante somente poderá ser concedida caso haja lei reajustando a maior pensão paga a funcionário público federal.
3. Agravo improvido". (TRF da 1ª Região, 2ª Turma, AG nº 1990.01.04354-2, Rel. Juiz Alves de Lima, DJU 11.06.90, p. 12.459)

"ADMINISTRATIVO. MILITAR. PENSÃO. ART. 40, §§ 4º E 5º, DA CONSTITUIÇÃO FEDERAL.
– A norma contida no citado dispositivo legal é completa, clara e prescinde de expedição de norma complementar nela prevista para tornar sua incidência possível.

---

[184] "§ 5º O benefício da pensão por morte corresponderá à totalidade dos vencimentos ou proventos do servidor falecido, até o limite estabelecido em lei, observado o disposto no parágrafo anterior".

– O limite estabelecido no citado § 5° diz respeito não com a eficácia em si do preceito constitucional no que contemple o direito, mas à limitação a ser observada, que, no caso de silêncio legal, coincidirá com a totalidade do que percebido pelo servidor em vida. Tem a autora direito ao reajustamento de sua pensão como postulado" (TRF da 2ª Região, 4ª Turma, AMS n° 95.02.28479-8, Rel. Juiz Frederico Gueirós, DJU 12.08.97, p. 61.994).

"PENSÃO. VALOR CORRESPONDENTE À TOTALIDADE DOS VENCIMENTOS OU PROVENTOS DO SERVIDOR FALECIDO. ART. 40, § 5°, DA CONSTITUIÇÃO FEDERAL. O Supremo Tribunal Federal, no julgamento do Mandado de Injunção n° 211-8, proclamou que o art. 40, § 5°, da Constituição Federal encerra uma garantia auto-aplicável, que independe de lei regulamentadora para ser viabilizado, seja por tratar-se de norma de eficácia contida, como entenderam alguns votos, seja em razão de a lei nele referida não poder ser outra senão aquela que fixa o limite de remuneração dos servidores em geral, na forma do art. 37, XI, da Carta, como entenderam outros. Recurso extraordinário conhecido e provido" (STF, 1ª Turma, RE n° 221.194, Rel. Min. Ilmar Galvão, DJU 17.04.98, p. 35).

Na realidade, a referência a legislação futura em certas normas constitucionais foi compreendida por Ruy Barbosa, José Horácio Meirelles Teixeira, Celso Ribeiro Bastos e Carlos Ayres Britto[185] como determinante da presença de norma "não auto-executável", "não bastante em si" ou, noutros termos, de eficácia limitada.[186] Diferentemente, José Afonso da Silva rechaçou esta compreensão, asseverando que "*o critério da legislação futura é falho, porque há normas constitucionais de eficácia direta e aplicabilidade imediata que, também, mencionam legislação futura*"; no entanto, não se enquadram dentre as normas de eficácia limitada, mas sim dentre as normas de eficácia contida, já que "*o direito conferido não fica na dependência de legislação futura; as*

---

[185] Obras já citadas, respectivamente, p. 494, p. 303, p. 53. Aliás, para Celso Ribeiro Bastos e Carlos Ayres Britto, a expressa referência a lei no texto constitucional seria imprescindível à atuação infraconstitucional. Ocorre que a menção expressa parece não se afigurar imprescindível, especialmente em se tratando de conceitos jurídicos indeterminados, como já foi objeto de análise pelo STF em se tratando da competência para o processo e o julgamento de crimes políticos, precedente que será mais adiante analisado.

[186] Carlos Maximiliano, à sua época, não admitia a edição de leis regulamentadoras da Constituição, sob o argumento de que poderiam modificar, ampliar ou restringir o sentido rigoroso do texto, salvo para fazer cumprir disposições constitucionais e apenas se houvesse autorização constitucional expressa.

restrições ao exercício desse direito é que dependem de legislação" que servirá para limitar a expansão da eficácia normativa. E exatamente na linha de José Afonso da Silva foi orientada a conclusão dos acórdãos do STF e do TRF da 2ª Região acerca da classificação do disposto no art. 40, § 5°, da Constituição Federal de 1988, cuja legislação mencionada no texto referir-se-ia não a "condição" para o exercício do direito, mas, sim, a restrição de cunho econômico sobre a extensão pecuniária dos proventos da pensão, o que conduz à adoção da posição de José Afonso da Silva como mais consistente sobre a matéria.

Nesse sentido, também, quanto à restrição sobre o exercício do direito, a participação dos trabalhadores no lucro das empresas, conforme o disposto no art. 7°, inciso XI, da Constituição Federal de 1988 nos oferece inúmeros exemplos jurisprudenciais,[187] como o seguinte:

"CONTRIBUIÇÕES PREVIDENCIÁRIA. INCIDÊNCIA SOBRE PARCELAS RECEBIDAS PELOS EMPREGADOS A TÍTULO DE PARTICIPAÇÃO NOS LUCROS DA EMPRESA.
1. O artigo 7°, XI, da Constituição Federal confirma o direito dos trabalhadores urbanos e rurais em participar dos lucros ou resultados da empresa, desvinculada da remuneração. Nestes limites, a regra sempre foi plenamente eficaz, com aplicabilidade imediata.
2. Existe a possibilidade desta eficácia ser contida mediante a superveniência de uma lei, nos exatos termos do próprio dispositivo constitucional, mas que de forma alguma poderá dispor sobre vincular a participação nos lucros à remuneração. O que poderá ser feito, tão-somente, é regulamentar-se sobre a extensão desta participação nos lucros, se maior ou menor, mas sempre desvinculada da remuneração" (TRF 4ª Região, 2ª Turma, AG n° 1998.04.01.011797-3, Rel. Juíza Tania Escobar, DJU 05.04.2000, p. 68).

De qualquer forma, a referência à legislação determina, em geral, a presença de uma norma de eficácia limitada, normalmente quando à legislação mencionada na norma constitucional incumbirá a definição dos requisitos para a aquisição do direito ou de condição para o exercício do direito nela previsto, ou, ainda, quando lhe incumbirá *expressamente* a definição de um conceito jurídico indeterminado (reserva legal expressa), do que é exemplo o disposto no § 3° do art. 100 da Constitui-

---

[187] O Supremo Tribunal Federal não chegou a examinar o mérito desta questão, tendo, de qualquer forma, examinado quanto ao disposto no art. 7°, inciso XI, da Constituição Federal de 1988, os Mandados de Injunção n° 403 e 426, o primeiro não conhecido por ilegitimidade ativa da empresa demandante para deduzir postulação quanto a direito de empregado, e o segundo não conhecido por perda do objeto devido à superveniência da Medida Provisória n° 1.136/95.

ção Federal, com a redação dada pela Emenda Constitucional n° 30, de 2000,[188] nos seguintes termos:

> "§ 3° O disposto no *caput* deste artigo, relativamente à expedição de precatórios, não se aplica aos pagamentos de obrigações definidas em lei como de pequeno valor que a Fazenda Federal, Estadual, Distrital ou Municipal deva fazer em virtude de sentença judicial transitada em julgado".

Neste caso, a Constituição remete expressamente à lei a definição do conceito jurídico indeterminado do que seja "pequeno valor". Logo, esta norma não tem aplicabilidade imediata, exigindo integração normativa para aplicação concreta no mundo dos fatos e revestindo-se, portanto, das características de uma norma de eficácia limitada.

Nesse sentido:

> "PROCESSUAL CIVIL. OBRIGAÇÃO DE PEQUENO VALOR. DESNECESSIDADE DE EXPEDIÇÃO DE PRECATÓRIO. LEI N° 1.099, DE 19 DE DEZEMBRO DE 2000. APLICAÇÃO IMEDIATA. ART. 462 DO CÓDIGO DE PROCESSO CIVIL.
> 1. Precatório. Obrigação de pequeno valor. A EC 20/98, ao acrescentar o § 3° ao art. 100 da Constituição Federal, previu a possibilidade de pagamento de dívidas judiciais da Fazenda Pública, independentemente de precatório, mas remeteu à legislação ordinária a definição do que seria considerado como 'obrigação de pequeno valor'.

---

[188] Outro exemplo de reserva legal expressa é abordado por Jairo Gilberto Schäfer ao asseverar que "o art. 5°, inciso XIII, estabelece o princípio da liberdade de exercício de qualquer trabalho, ofício ou profissão, submetendo o direito, todavia, às restrições a serem impostas pela lei: *atendidas as qualificações profissionais que a lei estabelecer*, cuidando-se de uma autorização qualificada, por isso limitada à possibilidade restritiva às qualificações profissionais. Neste tópico mostra-se importante a referência ao artigo 8° da Lei n° 8.906/94 (Estatuto dos Advogados), o qual torna obrigatório o exame de ordem para exercício da profissão de advogado. Com efeito, a liberdade de exercício de qualquer trabalho, ofício ou profissão é direito fundamental (artigo 5°, inciso XIII, Carta da República). A obrigatoriedade de submissão ao exame de ordem, como requisito para o exercício da profissão de advogado, indiscutivelmente constitui-se em efetiva restrição ao direito de liberdade de profissão, uma vez que, não logrando o interessado aprovação no referido exame, ficará alijado do exercício da advocacia. No caso em estudo, o livre exercício das profissões (art. 5°, inciso XIII, Carta da República), as restrições impostas pela Lei n° 8.906/94 são absolutamente compatíveis com o Texto Constitucional, uma vez que a própria Constituição autoriza expressamente a lei ordinária a estabelecer restrições ao livre exercício de qualquer trabalho, ofício ou profissão, ao utilizar a cláusula '*atendidas as qualificações profissionais que a lei estabelecer*', caracterizando reserva de lei restritiva, sendo amplamente caracterizada a razoabilidade da exigência do exame de ordem, em virtude da inafastável necessidade de qualificação do profissional da área jurídica, o qual defende em juízo direito que não lhe pertence, sendo requisito que está ligado diretamente à qualificação profissional." (*Direito Fundamentais* – proteção e restrições. Porto Alegre: Livraria do Advogado, 2001, p. 101).

2. Lei nº 1.099/00, superveniente à interposição do extraordinário. Norma de natureza processual, que definiu as obrigações de pequeno valor para os efeitos do disposto no art. 100, § 3º, da Constituição Federal. Aplicação nos processos em curso, por constituir-se fato novo capaz de influir no julgamento da causa. 3. Recurso extraordinário conhecido e provido" (STF, 2ª Turma, RE nº 293.231, Rel. Min. Maurício Corrêa, DJU 01.06.2001, p. 2.040).

Conseqüentemente, o fato de o disposto no art. 128 da Lei nº 8.213/91 aplicar-se, ou não, na verificação do que seja "pequeno valor" até o advento da Lei nº 10.099/2000, não influi na classificação da norma constitucional como norma de eficácia limitada, por dependente de integração normativa, mas, sim, na solução de casos concretos mediante a constatação da possibilidade de requisição de pagamento independentemente de precatório, dada a presença de pequeno valor, no período anterior à Lei nº 1.099/2000, aí então com força no art. 128 da Lei nº 8.213/91 (que foi declarado inconstitucional sob a égide da Constituição na redação anterior à EC nº 30/2000, mas que teria sido recepcionado ou repristinado pela nova redação introduzida pela referida emenda ao § 3º do art. 100 da Constituição Federal), ou apenas a partir do advento da Lei nº 1.099/2000.

Casos há, contudo, em que a jurisprudência vacila quanto à presença ou ausência de reserva legal expressa com o condão de diferir a aplicabilidade imediata da norma, do que é exemplo o direito de greve dos servidores públicos, previsto no art. 37, inciso VII, da Constituição Federal, em sua redação original.[189]

A propósito, no Mandado de Injunção nº 20, o Pleno do Supremo Tribunal Federal caracterizou a referida norma como uma norma de eficácia limitada:

"MANDADO DE INJUNÇÃO COLETIVO – DIREITO DE GRE-VE DO SERVIDOR PÚBLICO. CONSTITUCIONALISMO BRASILEIRO. MODELOS NORMATIVOS NO DIREITO COM-PARADO (CF, ART. 37, VII) – IMPOSSIBILIDADE DE SEU EXERCÍCIO ANTES DA EDIÇÃO DE LEI COMPLEMENTAR – OMISSÃO LEGISLATIVA – HIPÓTESE DE SUA CONFIGU-

---

[189] Dispositivo que tinha a seguinte redação: "VII – o direito de greve será exercido nos termos e nos limites definidos em lei complementar;" Registre-se que com o advento da Emenda Constitucional nº 19/98, a Constituição Federal deixou de se reportar a lei complementar, passando a se referir apenas aos termos e limites "definidos em lei específica".

A aplicabilidade e a concretização das normas constitucionais

RAÇÃO – RECONHECIMENTO DO ESTADO DE MORA DO CONGRESSO NACIONAL – IMPETRAÇÃO POR ENTIDADE DE CLASSE – ADMISSIBILIDADE – WRIT CONCEDIDO. DIREITO DE GREVE NO SERVIÇO PÚBLICO: O preceito constitucional que reconheceu o direito de greve ao servidor público civil constitui norma de eficácia meramente limitada, desprovida, em conseqüência, de auto-aplicabilidade, razão pela qual, para atuar plenamente, depende da edição da lei complementar exigida pelo próprio texto da Constituição.

A mera outorga constitucional do direito de greve ao servidor público civil não basta – ante a ausência de auto-aplicabilidade da norma constante do art. 37, VII, da Constituição para justificar o seu imediato exercício.

O exercício do direito público subjetivo de greve outorgado aos servidores civis só se revelará possível depois da edição da lei complementar reclamada pela Carta Política. A lei complementar referida – que vai definir os termos e os limites do exercício do direito de greve no serviço público – constitui requisito de aplicabilidade e de operatividade da norma inscrita no art. 37, VII, do texto constitucional. Essa situação de lacuna técnica, precisamente por inviabilizar o exercício do direito de greve, justifica a utilização e o deferimento do mandado de injunção.

A inércia estatal configura-se, objetivamente, quando o excessivo e irrazoável retardamento na efetivação da prestação legislativa – não obstante a ausência, na Constituição, de prazo pré-fixado para a edição da necessária norma regulamentadora – vem a comprometer e a nulificar a situação subjetiva de vantagem criada pelo texto constitucional em favor dos seus beneficiários.

MANDADO DE INJUNÇÃO COLETIVO: A jurisprudência do Supremo Tribunal Federal firmou-se no sentido de admitir a utilização, pelos organismos sindicais e pelas entidades de classe, do mandado de injunção coletivo, com a finalidade de viabilizar, em favor dos membros ou associados dessas instituições, o exercício de direitos assegurados pela Constituição. Precedentes e doutrina" (STF, Pleno, MI n° 20, Rel. Min. Celso de Mello, DJU 22.11.96, p. 45.690).

Ocorre que o direito de greve dos servidores públicos parece envolver uma norma de eficácia contida, exatamente como o direito de greve dos trabalhadores em geral (art. 9°, §§ 1° e 2°, CF/88).

Primeiro, porque quanto aos servidores públicos, o disposto no art. 37, inciso VII, da Constituição Federal de 1988, em sua redação original, atribui à lei complementar apenas a definição dos *limites* do exercício do direito de greve, e não de qualquer requisito para a aquisição do direito ou condição para o seu exercício; o direito de greve, em si mesmo considerado, consubstancia uma norma-regra particular decorrente do princípio fundamental da preservação dos valores sociais do trabalho, atinente ao Estado Democrático de Direito (art. 1º, inciso IV, CF/88), não havendo qualquer dúvida acerca dos titulares do direito: todos os trabalhadores, tanto da esfera privada, quanto da esfera pública.[190]

Segundo, porque, ao dispor que o direito de greve será exercido nos termos e nos limites estabelecidos por lei, a Constituição Federal está atribuindo ao legislador infraconstitucional apenas a definição dos limites do exercício do direito de greve, ou seja, apenas a possibilidade de restrição do direito, o que caracteriza uma norma de eficácia restringível, ou seja, contida.

Terceiro, porque a definição do conteúdo do conceito jurídico indeterminado (serviços essenciais) por via legal se apresenta praticamente inviável, tendo em vista a dimensão do aparato estatal e o caráter extremamente particular e casuístico de uma tal determinação.[191]

---

[190] Especificamente quanto ao direito de greve dos trabalhadores em geral, previsto no art. 9º da Constituição de 1988, convém salientar que o direito de greve é assegurado no *caput* do referido dispositivo, ao passo que a definição das restrições ao exercício desse direito (concernentes à manutenção de serviços e atividades essenciais durante o movimento paredista) são atribuídas à lei no respectivo parágrafo primeiro. Logo, quanto ao direito de greve dos trabalhadores em geral, é mais clara a atribuição de mera restrição normativa ao legislador infraconstitucional, já que a cláusula condicionante está no estabelecimento do que seriam serviços essenciais a serem preservados (§ 1º) (que consubstancia um conceito jurídico indeterminado), ao passo que a consagração do direito de greve se afigura direta, imediata e integralmente aplicável (*caput*). Assim sendo, a cláusula condicionante está num sub-comando do dispositivo que encerra em si uma norma de eficácia contida, quanto ao direito de greve dos trabalhadores em geral, conclusão que vai ao encontro do pensamento de José Horácio Meirelles Teixeira quando afirma que a referência a lei indica a presença de uma norma de caráter não executório, "salvo, evidentemente, se, ao lado dessa cláusula condicionante, outras existirem, suficientemente explícitas e completas para darem origem à exigibilidade de direitos e obrigações" (*op. cit.* p, 303).

[191] É por isso que o Projeto de Lei nº 4.497/2001, apresentado pela Deputada Federal Rita Camata, dispondo sobre os termos e limites do exercício do direito de greve pelos servidores públicos, não define o conceito jurídico indeterminado de "serviços essenciais", limitando-se a, no § 1º do art. 8º, se reportar a outros conceitos abertos ao estabelecer que "são necessidades inadiáveis de interesse público aquelas que, se não atendidas, coloquem em risco iminente a segurança do Estado, a sobrevivência, a educação, a saúde ou a segurança da população, o exercício dos direitos e garantias fundamentais e a preservação do patrimônio público". Até o advento da lei que vier a regulamentar o disposto no art. 37, inciso VII, da Constituição Federal, no âmbito do serviço público foi expedido apenas o Decreto nº 1.480/95, que tratou apenas dos procedimentos a serem adotados em casos de paralisações (quanto às faltas, exonerações ou dispensas dos ocupantes de cargos em comissão ou de funções gratificadas e denunciações à lide de servidores em caso de dano decorrente de paralisações), não definindo o conceito jurídico indeterminado de "serviços essenciais".

A aplicabilidade e a concretização das normas constitucionais

E, finalmente, porque, se o direito de greve não pudesse realmente ser exercido antes do advento da lei complementar, o que afrontaria o princípio da isonomia com os trabalhadores em geral (art. 9°, CF/88), então o ponto, ou melhor, a remuneração dos dias parados não poderia ser paga aos servidores. Ocorre que o próprio Supremo Tribunal Federal já admitiu o imediato exercício do direito de greve pelos servidores públicos, independentemente de corte de remuneração, desde que mantidos os serviços essenciais, momento em que, na prática, acabou reconhecendo tratar-se de norma de eficácia contida.[192] A decisão mencionada conta, aliás, com a seguinte ementa:

"GREVE – SERVIDOR PÚBLICO – PAGAMENTO DA REMUNERAÇÃO. Se de um lado considera-se o inciso VII do artigo 37 da Constituição Federal como de eficácia limitada (Mandado de Injunção n° 20-4/DF, Pleno, Relator Ministro Celso de Mello, Diário da Justiça de 22 de novembro de 1996, Ementário n° 1.851-01), de outro descabe ver transgressão ao aludido preceito constitucional, no que veio a ser concedida a segurança, para pagamento de vencimentos, em face de a própria Administração Pública haver autorizado a paralisação, uma vez tomadas medidas para a continuidade do serviço" (STF, Pleno, RE n° 185.944, Rel. Min. Marco Aurélio, DJU 07.08.98, p. 42).

Por outro lado, é possível constatar que algumas vezes a jurisprudência incorre em certo equívoco no uso da expressão "norma de eficácia contida", do que nos dá exemplo mesmo a jurisprudência do Supremo Tribunal Federal com o seguinte aresto:

"MEDIDA LIMINAR EM AÇÃO DIRETA DE INCONSTITUCIONALIDADE. CONCEITO DE 'FAMÍLIA INCAPAZ DE PROVER A MANUTENÇÃO DA PESSOA PORTADORA DE DEFICIÊNCIA OU IDOSA' DADO PELO § 3° DO ART. 20 DA LEI ORGÂNICA DA ASSISTÊNCIA SOCIAL (LEI N° 8.742, DE 07.12.93) PARA REGULAMENTAR O ART. 203, V, DA CONSTITUIÇÃO FEDERAL.

---

[192] Nesta matéria, portanto, caberia a ocorrência de uma mutação constitucional nos moldes das pesquisas realizadas por Anna Cândida da Cunha Ferraz (*Processos informais de mudança da Constituição* – mutações constitucionais e mutações inconstitucionais. São Paulo: Max Limonad, 1986) e por Uadi Lammêgo Bulos (*Mutação Constitucional*. São Paulo: Saraiva, 1997). Relembre-se, a propósito, que, conforme Konrad Hesse, um dos dois principais pressupostos que permitem à Constituição desenvolver de forma ótima a sua força normativa consiste exatamente na "adequação da interpretação da norma a eventual mudança nas relações fáticas, o que determinaria o que se convencionou chamar por mutação constitucional".

1. Argüição de inconstitucionalidade do § 3º do art. 20 da Lei nº 8.472/93, que prevê o limite máximo de do salário mínimo de renda mensal 'per capita' da família para que seja considerada incapaz de prover a manutenção do idoso e do deficiente físico, ao argumento de que esvazia ou inviabiliza o exercício do direito ao benefício de um salário mínimo conferido pelo inciso V do art. 203 da Constituição.

2. *A concessão da liminar, suspendendo a disposição legal impugnada, faria com que a norma constitucional voltasse a ter eficácia contida, a qual, por isto, ficaria novamente dependente de regulamentação legal para ser aplicada, privando a Administração de conceder novos benefícios até o julgamento final da ação.*

3. O dano decorrente da suspensão cautelar da norma legal é maior do que a sua manutenção no sistema jurídico.

4. Pedido cautelar indeferido" (STF, Pleno, ADIMC 1.232, Rel. Min. Maurício Corrêa, DJU 26.05.95, p. 15.154). (grifei)

Neste caso, na realidade, o Supremo Tribunal Federal entendeu que o disposto no art. 203, inciso V, da Constituição Federal de 1988 revestia-se das características de uma norma constitucional de eficácia limitada, e não de eficácia contida, na classificação de José Afonso da Silva. A uma, porque a suspensão da eficácia de normas infraconstitucionais não acarreta qualquer efeito na aplicação das normas de eficácia contida, que independem de sua integração, e, portanto, não podem voltar a ter aplicabilidade mediata porque desde o início sempre tiveram aplicabilidade imediata. E a duas, porque, nas normas constitucionais de eficácia contida, o preenchimento de conceitos jurídicos indeterminados independe de interposição legislativa, embora esta possa ocorrer (e não necessariamente deva ocorrer), para fins de restrição; o seu preenchimento pode se dar via interpretação do julgador no exercício da jurisdição, como o próprio Supremo Tribunal Federal já teve oportunidade de manifestar,[193] ocasião em que concluiu que o conceito de crime po-

---

[193] Precedente do Pleno do STF, RECR 160.841, Relatado pelo Min. Sepúlveda Pertence (DJU 22.09.95, p. 30.610), assim ementado: "I. Crime político: conceituação para o fim de verificar a competência da Justiça Federal, segundo a Constituição (art. 109, IV); dimensões constitucionais do tema. *Quando, para a inteligência de uma norma constitucional, for necessário precisar um conceito indeterminado, a que ela mesma remeteu – como é o caso da noção de crime político para a definição da competência dos juízes federais –, é imperativo admitir-se, no recurso extraordinário, indagar se, a pretexto de concretizá-lo, não terá o legislador ou o juiz de mérito das instâncias ordinárias ultrapassado as raias do âmbito possível de compreensão da noção, posto que relativamente imprecisa, de que se haja valido a Lei Fundamental.* II. Crime político: conceito: impertinência ao direito interno das exceções admitidas para fins extradicionais. 1. As subtrações admitidas pelo art. 77, §§ 1 e 3º, da Lei de Estrangeiros ao âmbito conceitual do político só se explicam para o efeito limitado de facultar excepcionalmente a extradição, não obstante ser

lítico deriva do sistema, podendo ser preenchido pelo legislador ou pelo julgador, hipótese em que caberá à Corte Constitucional averiguar a razoabilidade da concretização, à luz de parâmetros constitucionais adequados.

Nessa linha, embora José Afonso da Silva tenha expressamente conexionado "conceitos gerais" com as normas constitucionais de eficácia contida em sua classificação, a jurisprudência atual, mesmo referindo a adoção desta classificação, ainda não tem demonstrado total segurança na qualificação de tais normas, o que, assim como a referência à legislação, também encontra algumas raízes em certas lições doutrinárias, embora não exatamente pontuais. José Horácio Meirelles Teixeira, por exemplo, relacionava a presença de "critérios gerais" com as suas normas de eficácia limitada ou reduzida,[194] no que não deixava de ter razão, pois, em muitos casos ocorre essa relação de identificação, embora noutros tantos não ocorra, em se tratando das normas de eficácia contida de José Afonso da Silva, ou seja, quando não esteja envolvido qualquer requisito para a aquisição do direito ou condição para o exercício do direito consagrado na norma. De qualquer forma, por ocasião da elaboração de Meirelles Teixeira, José Afonso da Silva ainda não havia formulado a sua classificação tripartite. Jorge Miranda, por sua vez, assevera que muitas vezes as normas de eficácia diferida ou programática vêm acompanhadas de conceitos indeterminados ou parcial-

---

o crime político, quer pela motivação ou os objetivos do agente, quer pela natureza do bem jurídico protegido pela norma incriminadora. 2. Para efeitos de direito interno, dar prevalência, na qualificação de uma infração penal complexa, aos seus aspectos políticos ou às suas conotações de criminalidade comum é uma opção de cada ordenamento nacional positivo, com a qual nada tem a ver a razão de ser das restrições dominantes, só para efeitos extradicionais, ao conceito de delito político. 3. Uma vez que a Lei de Segurança Nacional mesma é que no art. 20, arrola entre os crimes políticos a extorsão mediante seqüestro, desde que vise à 'obtenção de fundos destinados à manutenção de organizações políticas clandestinas ou subversivas', destrói-se por si só o argumento de que bastaria a elisão do caráter político desse mesmo delito – assim qualificado pela lei – em que nele se contivessem os elementos típicos de crime comum classificado de hediondo. III. Crime político: caracterização: relatividade. É da essência da criminalidade política a pertinência dos bens e valores tutelados pelas normas de incriminação que a compõe, em cada sistema jurídico nacional, a identidade e ao ordenamento político do Estado respectivo. Por isso, sob a ótica da ordem jurídica brasileira, um fato submetido à sua jurisdição e que, sob a perspectiva de um ordenamento estrangeiro, configure crime político, não terá aqui a mesma qualificação jurídica, salvo se simultaneamente ofender a segurança ou a ordem político-social brasileiras. Os fatos pelos quais foram condenados os recorrentes podem ser reputados delitos políticos pelos Estados contra cujos sistemas e valores de caráter político os agentes pretendessem dirigir a atividade finalística da associação clandestina e a aplicação, nela, do produto da extorsão que aqui obtivesse êxito; para o Brasil, entretanto, a cuja ordem política são estranhos a motivação e os objetivos da ação delituosa, o que existe são apenas os crimes comuns configurados – independentemente de tais elementos subjetivos do tipo – pela materialidade da conduta dos agentes."
[194] *Op. cit.*, p. 317.

mente indeterminados, sem afirmar que isso ocorreria sempre,[195] afinal reconduzindo esta questão a um problema de interpretação e não, ao que parece, a um problema de classificação. Com efeito, o posicionamento desses dois autores não chega a ser divergente daquele manifestado por José Afonso da Silva.[196]

Maria Helena Diniz, de seu lado, leciona que as normas que contêm conceitos aptos à restrição da produção de seus efeitos têm aplicabilidade imediata,[197] na mesma esteira do pensamento de José Afonso da Silva.

Em relação ao pensamento de José Joaquim Gomes Canotilho, apesar de um exame apressado do primeiro capítulo da segunda parte do livro *Constituição Dirigente e Vinculação do Legislador* poder dar a impressão de que o universo próprio dos conceitos jurídicos indeterminados pertenceria exclusivamente às normas constitucionais programáticas, o insigne mestre, além de refutar esta nomenclatura, assevera que "a aplicação de conceitos jurídicos indeterminados é sempre, quer se trate de conceitos normativos, quer se trate de conceitos empíricos, um problema de interpretação-aplicação da lei e não um comportamento discricionário seleccionante no âmbito da realização de valores",[198] não chegando a excluí-los do âmbito das "normas não programáticas".

Com efeito, esses autores não apresentam exatamente uma exposição divergente do pensamento de José Afonso da Silva, seja porque deduzidos anteriormente à sua obra (Meirelles Teixeira), seja por não elencarem a presença de conceitos jurídicos indeterminados como critério distintivo ou determinante na caracterização das normas de eficácia limitada (aplicabilidade indireta, mediata e reduzida).

Sob outro enfoque – tanto em relação à referência a legislação quanto à presença de conceito jurídico indeterminado, naquilo que Celso Ribeiro Bastos e Carlos Ayres Britto passaram ao lado da teoria de José Afonso da Silva, ao afirmarem que a legislação restritiva dependeria de expressa autorização constitucional – cumpre ponderar que se a norma constitucional envolver um conceito jurídico indeterminado, a extensão e o alcance do conteúdo conferidos pelos julgadores em concreto poderá vir a ser restringido por lei ordinária independentemente

---

[195] *Op. cit.*, p. 244/245.

[196] *Op. cit.*, p. 82.

[197] *Op. cit.*, p. 113/114.

[198] CANOTILHO, José Joaquim Gomes. *Constituição Dirigente e Vinculação do Legislador –* contributo para a compreensão das normas constitucionais programáticas. Reimp., Coimbra: Coimbra Editora, 1994, p. 230 (nota de rodapé nº 36).

de expressa autorização constitucional (respeitando-se, naturalmente, eventual coisa julgada anterior), desde que não conflite com o sistema constitucional, haja vista tratar-se de questão interpretativa.

A propósito, a restrição de normas constitucionais de eficácia contida ou a regulamentação de normas constitucionais de eficácia limitada por norma infraconstitucional posterior poderá ser realizada mediante qualquer tipo de lei em sentido formal com previsão constitucional, salvo quando envolver matéria atinente ao sistema federativo ou matéria expressamente reservada à lei complementar.[199]

Destarte, a classificação de José Afonso da Silva merece ser adotada mesmo diante das classificações de Luís Pinto Ferreira e de Maria Helena Diniz, as quais apresentam-se parcialmente coincidentes com aquela classificação, à exceção das normas de eficácia absoluta, intangíveis. Isso porque a completude das normas, em seu primeiro aspecto, compreende a independência ou dependência de integração legislativa e se, em seu segundo aspecto, relativo à densidade, compreende a possibilidade de produção dos efeitos essenciais da norma constitucional hoje e sempre (e não apenas imediatamente), o *vocábulo plena*, conforme Meirelles Teixeira, "não significa total, completa, exaustiva, pois já vimos que toda norma é sempre suscetível de novas aplicações e novos

---

[199] Sobre as matérias reservadas à lei complementar, não se pode olvidar que, no Brasil, existem uma ordem jurídica nacional e três ordens jurídicas parciais (a federal, a estadual e a municipal). Questão que se coloca sobre a coexistência entre a ordem jurídica nacional e as ordens jurídicas parciais é a de saber se, por um lado, as disposições contidas em lei complementar seriam dotadas de rigidez formal suficiente a garantir, por si só, a impossibilidade de sua modificação senão através de outra lei complementar ou da própria Constituição Federal, ou, por outro lado, se apenas certas disposições contidas em lei complementar, precisamente aquelas atinentes ao sistema federativo e expressamente discriminadas na Constituição Federal (como as matérias do art. 146), seriam dotadas dessa rigidez. Embora outrora tenha entendido que as normas estabelecidas em lei complementar somente poderiam ser modificadas por lei complementar, independentemente da matéria tratada, acabei revendo este posicionamento exatamente pela razão de ser da existência das leis complementares em nossa ordem jurídica. Isso porque, se a lei complementar existe no Brasil como lei nacional, evidentemente que a matéria reservada à lei complementar é apenas a matéria relativa ao sistema federativo, em todas as suas nuances, e a matéria expressamente discriminada na Constituição Federal. Relativamente às matérias reservadas à lei complementar, o Min. Moreira Alves do Supremo Tribunal Federal oferece uma importante contribuição ao asseverar que "só é exigível lei complementar quanto a Constituição expressamente a ela faz alusão com referência a determinada matéria, o que implica dizer que quando a Carta Magna alude genericamente a 'lei' para estabelecer princípio de reserva legal, esta expressão compreende tanto a legislação ordinária, nas suas diferentes modalidades, quanto a legislação complementar" (STF, Pleno, ADIN n° 2.028/DF, Rel. Min. Moreira Alves, DJU 16.06.2000). Logo, quando a Constituição alude genericamente a "lei", a expressão compreende tanto a legislação ordinária quanto a complementar, salvo se envolver matéria atinente ao sistema federativo (especialmente quanto às competências previstas nos arts. 22, 24, 25 e 30 da Constituição Federal) ou a matéria expressamente reservada à lei complementar, como aquelas previstas no art. 146 da Constituição Federal quanto a tributos.

desenvolvimentos. Para caracterizar essa *plenitude* da eficácia será suficiente que a norma possa realizar, desde logo, seus objetivos *essenciais, específicos*, nos termos já expostos, aquilo que constitui, mais especificamente, os interesses que ela pretende proteger".[200] Portanto, a eficácia plena diz respeito à aptidão da norma para produzir, desde logo, seus objetivos essenciais, ao passo que a eficácia absoluta não envolve nenhuma aptidão da norma para a produção de efeitos, mas, sim, uma característica relativa à sua imodificabilidade, à sua imutabilidade. Assim sendo, a eventual possibilidade de modificação da norma constitucional por norma veiculada em emenda constitucional apresenta-se irrelevante para fins de classificação das normas segundo o seu grau de eficácia, segundo a sua aptidão para a produção de efeitos.

Nessa esteira, há que ser ressaltado que a classificação das normas segundo o seu grau de eficácia não deve levar em conta apenas a acepção clássica de eficácia, que compreende apenas a eficácia jurídica como aptidão para a produção de efeitos, mas, também, a eficácia social, como adequação da norma à dimensão fática, e a legitimidade, como adequação da norma à dimensão valorativa. Nessa linha, os ensinamentos de Konrad Hesse oferecem uma importante contribuição à compreensão desta temática na medida em que, apesar de afirmar que deve haver um condicionamento recíproco entre norma e realidade, ele entende que a falta de eficácia social não afastaria a força vinculante da norma, a qual se manteria mediante a eficácia jurídica e a eficácia valorativa, pois o que deveria ser mantido seria o sentido da proposição jurídica (a vontade normativa na dicção de Konrad Hesse), ou, noutros termos, a irradiação dos efeitos essenciais, daqueles efeitos atinentes à disciplina de relações e situações da vida real (na ótica de Meirelles Teixeira os efeitos especificamente visados, não os meramente indiretos, ainda que relevantes, e na ótica de José Afonso da Silva, os valores-fim da norma). De acordo com Konrad Hesse, o sentido da proposição jurídica afigurar-se-ia insuscetível de mudança em virtude de eventual alteração fática, o que representaria o maior limite daquilo que se convencionou chamar de mutação constitucional. Em se tratando especificamente de normas constitucionais de eficácia contida, o que ocorre é que a norma já nasce desconexionada da realidade, mas nasce conexionada à dimensão valorativa, surgindo justamente para alterar desde já essa realidade, a fim de adequá-la ao sentido da proposição jurídica, à vontade normativa, para alterar essa realidade; têm, em certa medida, vocação pros-

---

[200] *Op. cit.*, p. 320.

pectiva, à semelhança das normas de eficácia limitada, das quais, no entanto, se diferenciam, em virtude do maior ou menor grau de eficácia jurídica, ou seja, do maior ou menor grau de suficiência e completude de cada uma delas, não se podendo olvidar que, se por um lado a natureza prospectiva de certas normas de eficácia contida revela-se apenas no âmbito da realidade, pois são imediatamente aplicáveis à realidade que pretendem modificar, por outro lado, a natureza prospectiva das normas de eficácia limitada revela-se não apenas no âmbito da realidade, mas, principalmente, no próprio âmbito normativo, posto que somente poderão ser aplicadas à realidade mediante integração de norma infraconstitucional que desdobre e desenvolva o sentido da sua proposição jurídica, a sua vontade normativa.

Ao fim e ao cabo, as normas constitucionais de eficácia contida da classificação de José Afonso da Silva ostentam autonomia apta o bastante para justificar uma classificação tripartite, não apenas devido a questões práticas (dada a confusão verificada ora com normas de eficácia plena, ora com normas de eficácia limitada), mas também e principalmente porque a sua caracterização é determinada por dois critérios específicos (1 e 2), não sendo afastadas por certas referências normativas (3 e 4), como passo a resumir:

1) a *suficiência* das normas constitucionais de eficácia contida, que lhes confere aptidão para aplicabilidade direta, reside na existência de um comando que apresenta autonomia normativa suficiente para deflagrar todos os efeitos normativos essenciais,[201] por não ser dotada de defeito em nenhum de seus elementos lógico-estruturais (hipótese, mandamento e conseqüência) e ser dotada de imperatividade;

2.1) a *completude* das normas constitucionais de eficácia contida, quanto à sua *relação com legislação futura*, que lhes confere aptidão para a produção dos seus efeitos essenciais de forma imediata (aplicabilidade imediata), decorre da independência de qualquer integração legislativa;

2.2) a *completude* das normas constitucionais de eficácia contida, quanto à sua *dimensão eficacial* (densidade), que lhes confere aplicabilidade integral, mas restringível, em virtude de um fenômeno de superabundância normativa, decorre da possibilidade de contenção da eficácia da norma por futura restrição legislativa;

---

[201] Como já mencionado, por efeitos essenciais deve-se entender aqueles efeitos atinentes à disciplina normativa de relações e situações da vida real, da vida em sociedade.

3) a *referência à legislação* expressa em certas normas constitucionais não determina necessariamente a presença de normas de eficácia limitada, mas apenas e tão-somente se disser respeito aos requisitos para a aquisição do direito ou às condições para o exercício do direito consagrado na norma;

4) a presença de *conceitos jurídicos indeterminados* em certas normas constitucionais não determina necessariamente a presença de normas de eficácia limitada.

3.3. A EFICÁCIA DAS NORMAS CONSTITUCIONAIS E OS CONCEITOS JURÍDICOS INDETERMINADOS

Vistas essas noções fundamentais, afigura-se producente um maior desenvolvimento da noção de conceitos jurídicos indeterminados e da noção daqueles conceitos deste tipo que seriam passíveis de alocação em normas constitucionais de eficácia contida.

3.3.1. Noção de conceitos jurídicos indeterminados

Em relação à interpretação, Karl Engisch assevera que "muitas coisas com que nos deparamos são de molde a irritar-nos, a afligir-nos mesmo: tal a insegurança ao realizar a 'subsunção', a ambivalência com que a interpretação se debate em todas as fases, a diversidade dos métodos de interpretação e a pendência sobre o escopo fundamental da mesma, e finalmente ainda a pluralidade de sentidos dos conceitos de interpretação 'extensiva' e 'restritiva'. Mas a verdade é que toda a ciência tem de se defrontar com dificuldades. O importante e decisivo é saber se, em princípio, a procura da 'verdade' tem sentido e promete êxito".[202]

Já passou o tempo em que se tinha a idéia de que era possível estabelecer uma clareza e segurança jurídicas absolutas por meio de normas rigorosamente elaboradas e, especialmente, garantir uma absoluta univocidade a todas as decisões judiciais e a todos os atos administrativos – o tempo do Iluminismo, onde o juiz deveria ser o escravo da lei, que funcionaria como um autômato, segundo Bockelmann, com a única particularidade de que o aparelho em função não seria automático,

---

202 ENGISCH, Karl. *Introdução ao pensamento jurídico*. 7. ed., Lisboa: Fundação Calouste Gulbenkian, 1986, Cap. VI, p. 205.

mas lógico. Essa é a idéia expressada por Karl Engisch, quando no curso do século XIX começou-se a considerar impraticável a estrita vinculação do juiz à lei. Tanto que, na sua ótica, embora tenha permanecido intocado o princípio da legalidade da atividade jurisdicional e da atividade administrativa, não se tem mais a idéia de que a subsunção se realiza tão-somente sobre conceitos jurídicos fixos, cujo conteúdo deva ser explicitado com segurança absoluta por meio da interpretação, mas também sobre conceitos jurídicos indeterminados, sendo os juízes e administradores chamados a valorar autonomamente esses conceitos e, por vezes, a decidir e a agir de um modo semelhante ao do legislador,[203] passando-se tudo entre uma maior ou menor vinculação à lei.

Embora na presente obra a expressão "conceito jurídico indeterminado" vá ser adotada, porque consagrada e largamente utilizada, há que se atentar para a crítica de Eros Grau, que, afinal, também acaba utilizando essa mesma expressão. A referida crítica foi vazada nos seguintes termos:

> "(...) a *indeterminação* a que nos referimos, na hipótese, não é dos conceitos jurídicos (idéias universais), mas de suas expressões (termos); logo, mais adequado será referirmo-nos a *termos indeterminados de conceitos* e não a *conceitos indeterminados*".[204]

Isso porque, na sua ótica, o conceito consiste no produto de uma reflexão, que envolve uma soma de idéias; "quando expressado, através do termo, o conceito envolve *ato de expressão*. O termo, pois, é a *expressão do conceito*. Esta expressão é um signo",[205] um signo lingüístico, ou seja, uma coisa que representa outra coisa, caso se trate de conceito essencialista, ou representa uma significação atribuível a determinada coisa, estado ou situação, caso se trate de conceito jurídico. Portanto, não existem propriamente conceitos indeterminados, já que, por envolverem uma soma de idéias, os conceitos são sempre determináveis; o que, em certa medida, é indeterminada é a maioria dos termos da linguagem jurídica.

Na dicção de Eros Grau:

> "Não é um mal injustificável, de toda sorte, este de que padece a linguagem jurídica. E isso porque, se as leis devem ser abstratas e *gerais*, necessariamente hão de ser expressas em linguagem de textura aberta. (...)

---

[203] Essa questão da "atuação" do juiz como legislador será abordada mais adiante.
[204] *Direito, conceitos e normas jurídicas.* São Paulo: Editora Revista dos Tribunais, 1988, p. 65.
[205] Eros Grau, *op. cit.*, p. 62.

Afirmar que as palavras e expressões jurídicas são, em regra, ambíguas e imprecisas não quer porém dizer que não tenham elas significação determinável.

(...)

O fato é que, como observa Karl Larenz, a linguagem jurídica deve ser considerada como um 'jogo de linguagem'[206] (...).

(...)

Os conceitos jurídicos têm por finalidade ensejar a aplicação de normas jurídicas. Expressados, são signos de signos (significações) cuja finalidade é a de possibilitar aquela aplicação.

(...)

Os conceitos jurídicos são usados não para definir essências, mas sim para permitir e viabilizar a aplicação de normas jurídicas. Esse, o seu destino e sua vocação: constituem um ponto terminal de regras, um termo relacionador de princípios e regras".[207]

Por conseguinte, embora indeterminados pareçam ser os termos, e não os conceitos, afigura-se preferível adotar a expressão "conceito jurídico indeterminado", vez que já consagrada e largamente utilizada no meio jurídico.[208] De qualquer maneira, pode-se dizer que um conceito jurídico se apresenta como indeterminado, sempre que contiver termos ambíguos ou, sobretudo, imprecisos, que gerem uma certa insegurança quanto à determinação exata de seu conteúdo e extensão. Consoante os ensinamentos de Eros Grau,[209] a *ambigüidade de um termo* consiste na

---

[206] Como ressalta Friedrich Müller, "o conceito do 'jogo de linguagem' se deve nessa forma a Wittgenstein. (...) A função da linguagem já não é mais a de retratar o mundo. Um 'jogo de linquagem' é, muito pelo contrário, uma *situação lingüística*, dentro da qual se pode afirmar que aqui – mas precisamente só aqui – 'o significado das palavras é a coisa, à qual elas se referem'. Não se pode falar aqui de um significado 'em si' da palavra individual; só se pode dizer como a referida palavra é utilizada no âmbito de um determinado jogo de linguagem. Via de regra o significado de uma palavra é o seu uso na linguagem" (*Direito linguagem violência* – elementos de uma teoria constitucional. Trad. de Peter Naumann, Porto Alegre: Sergio Antonio Fabris Editor, 1995, p. 36/37).

[207] *Op. cit.*, p. 60 e 66.

[208] Mesmo porque não se pode esquecer que, noutro passo, Celso Antônio Bandeira de Mello argumenta que indeterminado seria o próprio conceito, e não a palavra que o rotula, na medida em que "se a palavra fosse imprecisa – e não o conceito – bastaria substituí-la por outra ou cunhar uma nova para que desaparecesse a fluidez do que se *quis comunicar*. Não há palavra alguma (existente ou inventável) que possa conferir precisão às *mesmas noções* que estão abrigadas sob as vozes 'urgente', 'interesse público', 'pobreza', 'velhice', 'relevante', 'gravidade', 'calvície' e quaisquer outras do gênero. A precisão acaso aportável implicaria alteração do próprio conceito originalmente veiculado. O que poderia ser feito, evidentemente, seria a substituição de um conceito impreciso por um *outro conceito* – já agora preciso, portanto um *novo* conceito – o qual, como é claro, se expressaria através da palavra ou das palavras que lhes servem de signo" (*Discricionariedade e controle jurisdicional*. 2. ed., 4. tiragem, São Paulo: Malheiros, 2000, p. 21).

[209] *Op. cit.*, p. 59.

característica de apresentar conotação diversa em contextos distintos (cuja determinação de sentido depende do contexto em que será aplicada) e a *imprecisão de um termo* consiste na característica fluída de certas palavras e expressões, cujo limite de aplicação é impreciso.

De acordo com as lições de Karl Engisch,[210] quando se tem uma noção clara do conteúdo e da extensão de um conceito, transita-se no domínio do *núcleo conceitual* e quando começam as dúvidas transita-se no domínio do *halo conceitual*, segundo Philipp Heck, ou no *espaço de jogo de significação*, segundo Zippelius.[211]

O gênero "conceitos jurídicos indeterminados" subdivide-se, na visão de Karl Engisch, nas espécies conceitos descritivos indeterminados, conceitos normativos indeterminados e conceitos discricionários.

Os *conceitos descritivos*, conforme Karl Engisch,[212] constituem aqueles conceitos que são fundamentalmente perceptíveis pelos sentidos, como "homem", "vermelho" e "velocidade", sobre os quais existe uma convenção universal, podendo, à vezes, apresentar-se sob forma indeterminada, como o conceito de "escuridão".[213]

Os *conceitos normativos* se contrapõem aos conceitos descritivos e podem assumir duas acepções, de acordo com as lições de Karl Engisch.[214]

Na primeira acepção, os conceitos normativos são aqueles conceitos que contêm dados não meramente perceptíveis ou percepcionáveis pelos sentidos, e que só em conexão com o mundo das normas se tornam representáveis e compreensíveis, como o conceito de coisa "alheia".[215]

---

[210] Karl Engisch, *op. cit.*, p. 209, nota de rodapé nº 04.

[211] Referindo-se à imprecisão de certas palavras, Eros Grau (*op. cit.*, p. 59), reportando-se a Genaro Carrió, acaba especificando as noções de núcleo conceitual e de halo conceitual, como segue: "Buscando exemplos na linguagem comum, aí teremos os vocábulos *jovem, alto, calvo*. Transcrevendo Carrió: 'há casos centrais e típicos, frente aos quais ninguém vacilaria em aplicar a palavra, e casos claros de exclusão, em relação aos quais ninguém duvidaria em não usá-la. Mas no meio há uma zona mais ou menos ampla de casos possíveis frente aos quais, quando se apresentam, não sabemos o que fazer'."

[212] *Op. cit.*, p. 210.

[213] Conforme Eros Grau, estes "conceitos" não caracterizariam propriamente conceitos, mas, sim, tipos, na medida em que "o conceito é abstrato, existe e sobrevive como abstração. Os tipos são noções apreendidas no mundo real; não são inventados, mas descobertos a partir da análise da realidade. Os conceitos jurídicos são signos de significações; os tipos, descrições de coisas, estados ou situações que se manifestam na realidade" (*op. cit.*, p. 67). De qualquer forma, a concretização dos conceitos descritivos indeterminados, ou dos tipos, e dos conceitos indeterminados propriamente ditos realiza-se da mesma forma, ou seja, mediante a valoração de certos dados, quer se trate de dados da realidade, no primeiro caso, quer se trate de dados de significação, no segundo caso, razão pela qual parece mais prático não se adotar a terminologia dos tipos, embora se reconheça a diferença apontada pela doutrina.

[214] *Op. cit.*, p. 211-214.

Na segunda acepção, acepção própria, estrita, os conceitos normativos são os conceitos que precisam ser valorados para serem aplicados no caso concreto, como o conceito de "preço vil".[216] Com essa significação, os conceitos normativos *stricto sensu* são os conceitos "carecidos de um preenchimento valorativo", cujo conteúdo e extensão hão de ser preenchidos caso a caso, mediante uma implementação de valorações alheias.[217]

Na ótica de Karl Engisch, os conceitos normativos indeterminados cujo conteúdo e extensão podem ser preenchidos mediante uma valoração individual autônoma são os *conceitos discricionários*, que sempre seriam conceitos indeterminados.

Como assevera o referido doutrinador,[218] a mera indeterminação ou normatividade não fazem de um conceito (na hipótese ou na estatuição) um conceito jurídico discricionário; é preciso algo mais: o ponto de vista daquele que exerce o poder discricionário deve valer como relevante e decisivo, havendo um espaço de livre apreciação, na medida em que uma parte da norma abre a possibilidade de uma escolha entre várias alternativas possíveis, fixadas em função da discricionariedade do legislador, ou do direito costumeiro ou do direito das coisas (ou, noutras palavras, da natureza da administração ou da natureza da graduação da pena ou do montante da compensação por dano moral). Não é apenas uma possibilidade de fato, mas uma possibilidade jurídica, pois é a própria norma que abre a possibilidade de escolha entre várias alternativas possíveis, como a possibilidade de nomeação de um professor universitário pelo conhecimento ou pela didática.

---

[215] Esta espécie de conceito, em cuja formação entram elementos empíricos e normativos, Karl Engisch denomina de "tipo real normativo" (*Metodologia da Ciência do Direito*. Trad. de José Lamego. 3. ed., Lisboa: Fundação Calouste Gulbenkian, 1997, p. 662).

[216] Na categoria de conceitos jurídicos indeterminados normativos podem, ainda, ser identificadas as cláusulas gerais, que se contrapõem a uma elaboração casuística das hipóteses legais, isto é, às hipóteses legais que circunscrevem particulares grupos de casos na sua especificidade própria. Segundo Karl Engisch (*op. cit.*, p. 229) "cláusula geral é uma formulação da hipótese legal que, em termos de grande generalidade, abrange e submete a tratamento jurídico todo um domínio de casos", como, por exemplo, "se a vítima é gravemente prejudicada no seu corpo ou na sua saúde (...)", sendo que as cláusulas gerais conteriam uma generalidade ausente nos outros conceitos jurídicos indeterminados, mas não possuiriam uma estrutura própria capaz que enquadrá-las como uma espécie autônoma de conceitos jurídicos indeterminados. A rigor, em relação aos conceitos jurídicos indeterminados, especialmente do tipo normativo, existiria apenas uma diferença de grau, dada a sua efetiva generalidade, mas não de espécie ou natureza.

[217] Nesse contexto, parece que o conteúdo e a extensão de conceitos normativos contidos em normas constitucionais de eficácia contida somente podem ser preenchidos pela implementação de valorações alheias, isto é, pela interpretação teleológica e sistemática da Constituição, sempre referenciada aos princípios nela consagrados textualmente ou inferidos (não-escritos).

[218] *Op. cit.*, p. 216.

Embora os conceitos discricionários sejam normativos indeterminados, eles representam uma categoria particular em relação a estes conceitos, que não se reportam ainda de per si a valorações pessoais, se bem que permitam um espaço residual de apreciação do justo, porque a sua interpretação e a sua aplicação no caso concreto é ambivalente.

Karl Engisch assevera que também existe discricionariedade judicial, que "possivelmente aparece na determinação das conseqüências jurídicas do fato punível (se não na graduação da pena, pelo menos nas orientações a que se refere o direito da delinqüência juvenil), ou na fixação da reparação pecuniária do dano moral, ou em certas medidas processuais baseadas na mera conveniência (apensação ou separação de processos penais, etc.); o 'preceito-poder' (*kannvorschrift*) do § 4º do StPO torna possível a discricionariedade: o 'podem' não significa uma mera possibilidade fática mas traduz um poder de escolha".[219]

Karl Engisch admite a possibilidade de discricionariedade também na hipótese legal,[220] embora normalmente esteja alojada na estatuição ou conseqüência jurídica.[221]

Para Karl Engisch, afinal, discricionariedade no domínio da administração ou no da jurisdição é a convicção pessoal (particularmente a valoração) de quem quer que seja chamado a decidir, sendo este elemento decisivo para determinar qual das várias alternativas que se oferecem como possíveis dentro de um certo "espaço de jogo" será havida como sendo a melhor e a "justa". É problema da hermenêutica jurídica indagar onde e com que latitude tal discricionariedade existiria.

3.3.2 Conceitos jurídicos indeterminados na hipótese legal

Conquanto, em tese, os conceitos jurídicos indeterminados possam figurar tanto na hipótese legal das normas quanto na estatuição ou, melhor, na conseqüência jurídica, forçoso é refletir sobre a afirmativa de Hartmut Maurer, segundo o qual "enquanto o poder discricionário aparece no lado da conseqüência jurídica, o conceito jurídico indeterminado está localizado do lado do tipo da regulação legal".[222]

---

[219] *Op. cit.*, p. 216.

[220] Discricionariedade que também poderia ser designada como "discricionariedade de apreciação" ou "espaço de livre apreciação".

[221] Discricionariedade que também poderia ser designada como "discricionariedade na ação" ou "discricionariedade da conduta" ou "discricionariedade na resolução".

[222] MAURER, Hartmut. *Elementos de Direito Administrativo alemão*. Trad. de Luís Afonso Heck. Porto Alegre: Sergio Antonio Fabris Editor, 2001, p. 54.

Essa linha de pensamento leva à exclusão dos conceitos discricionários da órbita dos conceitos jurídicos indeterminados, embora exista outra linha doutrinária,[223] de acordo com a qual existiriam dois tipos de poder discricionário: um poder discricionário de atuação, ou voluntário, do lado da conseqüência jurídica, e um poder discricionário de decisão, ou cognitivo, do lado da hipótese legal.[224] Ocorre que, na linha de ra-

---

[223] A técnica dos conceitos jurídicos indeterminados foi desenvolvida originariamente na Alemanha, onde, atualmente, existe uma forte corrente entendendo pela exclusão dos conceitos discricionários da órbita dos conceitos jurídicos indeterminados. Sobre esta temática, José Alfredo de Oliveira Baracho realiza uma excelente abordagem da doutrina espanhola, francesa e italiana, demonstrando que, nas duas últimas, outro tem sido o entendimento prevalente (Teoria geral dos conceitos legais indeterminados, *Cadernos de Direito Tributário* 27: 95-107, 1999).

[224] Conforme a abordagem realizada por Hartmut Maurer, "antigamente, o conceito jurídico indeterminado foi associado ao poder discricionário (...). Depois de 1949, portanto depois da promulgação da Lei Fundamental e da fundação da República Federal da Alemanha, consumou-se, todavia, uma mudança fundamental. Sobretudo a jurisprudência já sustentava a concepção que o conceito jurídico indeterminado como pressuposto jurídico da atuação administrativa é, fundamentalmente, revisível completamente. Para a fundamentação, foi referido o artigo 19, IV, da Lei Fundamental, que concede uma proteção jurídica ampla e completa do cidadão diante da atuação administrativa antijurídica, Os tribunais administrativos são, por isso, obrigados a revisar completamente as decisões administrativas no aspecto jurídico e fático, também quando se trata de conceitos jurídicos indeterminados. Na literatura, essa nova tendência encontrou aprovação, mas também recusa. A posição contrária foi desenvolvida, sobretudo, por Otto Bachof, com sua doutrina do espaço de apreciação, e por Carl Hermann Ule, com sua doutrina da sustentabilidade. Ambos os professores de direito administrativo, ademais, publicaram suas teses quase que simultaneamente – no ano de 1955. Segundo Bachof, à autoridade administrativa não é concedida, pelo emprego de conceitos jurídicos indeterminados, sem dúvida, um espaço de poder discricionário, mas, sim, um espaço de apreciação. Ele autoriza as autoridades à apreciação, em responsabilidade própria, das deduções resultantes do conceito jurídico indeterminado, para o caso concreto, que judicialmente somente podem ser revisadas limitadamente. Segundo Ule, deve a decisão, quando na aplicação de um conceito jurídico indeterminado mais soluções são sustentáveis, tomada pela autoridade administrativa e que se mantém no quadro da sustentabilidade, ser considerada conforme o direito. Na mesma direção aponta, embora reservada, a doutrina exposta por Hans J. Wolf da 'prerrogativa estimatória': se o conceito jurídico indeterminado requer uma 'estimativa', particularmente com respeito a futuros desenvolvimentos, que não poderiam ser seguidos e, com isso, controlados pelos tribunais, deve ser tomada por base, justamente, a 'estimativa' da autoridade. (...) Estes argumentos têm, sem mais, peso, mas encontram reservas e argumentos contrários. Correto é que o conceito jurídico indeterminado admite valorações diferentes; por isso mesmo, poder-se-ia argumentar além, o controle jurídico é também especialmente imperioso. O conhecimento especializado necessário poderia, em regra, também existir nos tribunais administrativos que até mesmo decidem como tribunais profissionais: se ela faltar no caso particular os tribunais devem, justamente, fazer por conhecimentos especializados, em caso necessário, por invocação de peritos. Também no direito civil e no direito penal existem conceitos jurídicos indeterminados que, indiscutivelmente, são revisados completamente pelos tribunais civis e penais. De resto, os argumentos alegados para o espaço de apreciação orientam-se, preponderantemente, pelas dificuldades práticas, mas passam por cima da garantia de proteção jurídico-constitucional, que requer, fundamentalmente, um exame completo. Entrementes, impôs-se uma linha mediana. Indiscutível é que a existência de um conceito jurídico indeterminado somente, ainda não abre um espaço de apreciação. Isso vale tanto mais que entre conceitos jurídicos determinados e indeterminados não existe uma linha clara, mas uma passagem móvel. Segundo a jurisprudência e a literatura, bem preponderante, um espaço de apreciação somente então – excepcionalmente – deve ser aceito, quando fundamentos especiais falam a favor disso e existe um reconhecimento expresso ou, pelo menos, concludente pelo dador de leis" (*op. cit.*, p. 57/58).

ciocínio perfilhada por Hartmut Maurer, parece não haver nenhum espaço de livre apreciação do lado da hipótese legal, já que, quanto à hipótese legal não seria possível a autoridade administrativa ou o julgador proceder a uma apreciação, em responsabilidade própria, das deduções resultantes do conceito jurídico indeterminado, na medida em que na respectiva atualização ou concretização somente influiriam valorações científico-especializadas, e não valores específicos de qualquer autoridade,[225] quer administrativa, quer judicial.[226]

Nesse diapasão, as normas constitucionais de eficácia contida podem contemplar conceitos jurídicos indeterminados apenas na sua hipótese legal e tão-somente dos tipos descritivo e normativo. Aliás, as normas de eficácia plena, assim como as de eficácia contida, também podem conter conceitos jurídicos indeterminados do lado da hipótese de incidência; nelas, contudo, os conceitos indeterminados não podem envolver a produção dos efeitos essenciais da norma, porque, senão, tais efeitos poderiam ser restringidos e aí então estar-se-ia, a rigor, diante de uma norma de eficácia contida.

Em relação a conceitos descritivos indeterminados, como o "dia" contido no art. 5º, inciso XI, da CF/88, normalmente não surge qualquer problema quanto ao enquadramento da norma segundo o seu grau de eficácia: cuida-se de norma de eficácia contida.

Em relação a conceitos normativos indeterminados, como o de "juros reais" previsto na redação original do art. 192, § 3º, da CF/88,[227] alguns problemas de enquadramento podem surgir, como neste caso, em que a jurisprudência se divide, ora enquadrando esta norma dentre as normas de eficácia limitada, ao entendimento de que caberia ao legislador especificar o que seriam juros reais,[228] ora enquadrando esta norma dentre as normas de eficácia contida,[229] enquadramento que poderia se dar sob o entendimento de que o conceito normativo indeterminado

---

[225] De acordo com as lições de Hartmut Maurer, o Tribunal Federal Constitucional alemão "distingue entre valorações específicas ao exame, para as quais é afirmado um espaço de apreciação, e valorações científico-especializadas, para as quais é negado um espaço de apreciação. As valorações específicas ao exame são, como até agora, subtraídas ao controle judicial-administrativo. As valorações científico-especializadas, ao contrário, estão sujeitas ao controle judicial completo" (*op. cit*, p. 59).

[226] A respeito dessa matéria veja-se também de Hartmut Maurer o sétimo capítulo, intitulado *Pouvoir discrétionnaire et notion juridique indéterminée*, da obra *Droit Administrative Allemand*, trad. de Michel Fromont, Paris: Librairie Générale de Droit et de Jurisprudence (L.G.D.J.), 1994.

[227] O § 3º do art. 192 da CF/88 foi revogado pela Emenda Constitucional nº 40/2003.

[228] STF, Pleno, ADIN nº 4, Rel. Min. Sydney Sanches, DJU 25.06.93, s/p.

[229] TARGS, 3ª CCível, AC nº 196.018.311, Rel. Juiz Gaspar Marques Batista, Revista de Jurisprudência 236:78-79, 1997.

de juros reais poderia e deveria ser objeto de concretização jurisdicional. Aliás, a definição do sentido do conceito de taxa de "juros reais" admite várias possibilidades, como a de "taxa global de juros" ou a de "taxa de juros acima do custo do dinheiro", incumbindo ao intérprete encontrar a melhor solução para o caso concreto.

Outro exemplo, já referido anteriormente, que, no entanto, não gerou dúvida na jurisprudência foi o relativo ao conceito de "crime político", previsto no art. 109, inciso IV, da Constituição Federal de 1988.[230]

Dessarte, pode-se concluir que, especificamente quanto às normas constitucionais de eficácia contida, os conceitos jurídicos indeterminados podem figurar apenas na hipótese legal,[231] não gerando poder discricionário; o gênero dos conceitos jurídicos indeterminados aptos a figurarem em normas constitucionais de eficácia contida são apenas os conceitos descritivos indeterminados e os conceitos normativos indeterminados, variando a forma através da qual o seu conteúdo e o seu alcance poderá vir a ser determinado no âmbito legislativo (atualização legislativa) ou no âmbito judicial (concretização jurisdicional), como passo a analisar no capítulo seguinte.

---

[230] STF, Pleno, RECR nº 160.841, Relator Min. Sepúlveda Pertence, DJU 22.09.95, p. 30.610.

[231] Em se tratando de normas infraconstitucionais, a jurisprudência oferece-nos vários exemplos relativos a conceitos jurídicos indeterminados, como o de *preço vil* previsto no CPC (TRF 4ª Região, 1ª Turma, AG nº 1999.04.01.103736-9, Rel. Juíza Ellen Gracie Northfleet, DJU 04.10.2000, p. 98), e o de *requerimento devidamente justificado* previsto no Decreto nº 952/93 (TRF 1ª Região, 1ª Turma, AC nº 1999.01.00.89520-6, Rel. Juiz Plauto Ribeiro, DJU 28.08.2000, p. 35).

4. Concretização jurisdicional das normas constitucionais de eficácia contida

4.1. MÉTODOS DE INTERPRETAÇÃO

Antes de adentrar especificamente no tema da atualização legislativa e da concretização jurisdicional das normas constitucionais de eficácia contida, impende situar a respectiva problemática dentre os métodos de interpretação.

Em Hermenêutica Jurídica, discute-se a tese da única interpretação correta, que majoritariamente vem sendo repudiada, seja porque o intérprete invariavelmente sofre o influxo de fatores meta jurídicos (histórico-culturais, econômicos, sociais e políticos), seja porque não é possível afirmar que existe uma única interpretação correta, senão apenas a melhor interpretação do ponto de vista racional.

A melhor interpretação do ponto de vista racional é alcançada mediante a utilização de métodos de interpretação, cuja escolha, para fins de utilização, deve levar em conta o tipo de norma a ser interpretada, quer se trate de norma que sirva de fundamento de validade das outras normas do sistema jurídico, de tipo mais aberto – as normas constitucionais –, quer se trate de norma infraconstitucional.

Cuidando-se de normas constitucionais, que compõem o estatuto inaugural da ordem jurídica, tanto no que diz respeito ao poder político quanto no que concerne à sociedade civil, a escolha do método de interpretação mais justo é, como adverte José Joaquim Gomes Canotilho,[232] um dos problemas mais controvertidos e difíceis da moderna teoria jus-

---

[232] CANOTILHO, José Joaquim Gomes. *Direito Constitucional e Teoria da Constituição*. Coimbra: Livraria Almedina, 1997, p. 1.084.

publicista, podendo-se dizer que, atualmente, as normas constitucionais devem ser interpretadas mediante um conjunto de métodos, reciprocamente complementares.

Existem, basicamente, cinco métodos de interpretação das normas constitucionais.

O primeiro método, denominado *método jurídico*, ou método hermenêutico clássico, que é defendido por Ernst Forsthoff, parte da idéia de que a Constituição é, em última análise, um conjunto de normas como toda lei, as quais, por isso, devem ser interpretadas mediante a utilização dos elementos interpretativos tradicionais, isto é, com base nos elementos histórico, gramatical, lógico, teleológico e sistemático.

O segundo método, denominado *método tópico problemático*, ou tópica pura, defendido por Theodor Vichweg, parte das seguintes premissas: "(1) *caráter prático* da interpretação constitucional, dado que, como toda interpretação, procura resolver os problemas concretos; (2) *caráter aberto, fragmentário* ou *indeterminado* da lei constitucional; e (3) *preferência pela discussão do problema* em virtude da *open texture* (abertura) das normas constitucionais que não permitem qualquer dedução subsuntiva a partir delas mesmas".[233] A partir de vários *topoi*, ou pontos de vista sujeitos a argumentação e contra argumentação, os intérpretes chegam à interpretação mais conveniente para o problema; o problema tem prioridade sobre a norma, já que a interpretação parte do problema para a norma.

O terceiro método, denominado *método hermenêutico-concretizador*, teorizado por Konrad Hesse, parte das idéias de que a interpretação da norma constitucional envolve uma pré-compreensão do seu sentido pelo intérprete e um pensamento problematicamente orientado, ou seja, para e a partir de um problema concreto a resolver; assenta-se no primado do texto constitucional sobre o problema.

O quarto método, denominado *método científico-espiritual*, ou valorativo ou, ainda, sociológico, teorizado por juristas alemães, especialmente por Rudolf Smend, parte da idéia de que a interpretação deve recorrer à ordem de valores para captar o espírito da norma no que tange a seu conteúdo axiológico último.

E o quinto método, rotulado como *metódica jurídica normatico-estruturante,* tematizado e problematizado por Friedrich Müller, parte da idéia de que a concretização normativa deve levar em conta os elementos resultantes da interpretação do texto da norma, por um lado, e

---

[233] CANOTILHO, José Joaquim Gomes, *idem,* p. 1.085.

o resultado da investigação do referente normativo, isto é, do pedaço de realidade social que a norma contempla, por outro lado.

4.2. NOÇÕES SOBRE ATUALIZAÇÃO E CONCRETIZAÇÃO

Sem desconsiderar que as normas constitucionais devem ser interpretadas mediante um conjunto de métodos reciprocamente complementares, o presente trabalho buscará sobretudo no método hermenêutico-concretizador de Konrad Hesse e na metódica estruturante de Friedrich Müller elementos para a operacionalização do processo de concretização normativa.[234]

4.2.1. Noções gerais

O método hermenêutico-concretizador decorre da teorização da força normativa da Constituição por Konrad Hesse, em oposição às teorias normativa e material.[235]

Antes da teorização do referido método, Hans-Georg Gadamer já afirmava que a compreensão do texto normativo envolve um "círculo hermenêutico",[236] na medida em que se caracteriza por uma circulari-

---

[234] A utilização do método hermenêutico concretizador e da metódica estruturante se mostra mais adequada à feição constitucional brasileira, pois, como ressalta Jorge Miranda, "ordenamentos do tipo judicialista, como os anglo-saxônicos, ou Constituições com dispositivos amplos e elásticos prestam-se mais à elaboração jurisprudencial do que ordenamentos não judicializados ou Constituições em que se tenha pretendido verter a 'recta' razão nos seus preceitos" (Direitos fundamentais e interpretação constitucional. *Revista do Tribunal Regional Federal da 4ª Região* 30:27, 1998).

[235] Neste âmbito, cumpre frisar que o metódo científico espiritual, ou valorativo, ou, ainda, sociológico, resulta da teoria material da Constituição de Rudolf Smend, Ferdinand Lassalle e Carl Schmitt, já abordada no início desta dissertação.

[236] De acordo com as lições de Kelly Susane Alflen da Silva, "a estrutura circular da compreensão procede da retórica antiga. Não obstante isso, especificamente Fr. Schleiermacher a desenvolveu sob a forma do cânon da reciprocidade hermenêutica entre a unidade e o todo singular, mediante o qual é conseguido um nexo recíproco e uma concatenação significativa (...). De forma conexa, W. Dilthey se refere a ela sob as expressões *estrutura* e *nexo estrutural*, por meio das quais ela é transportada para o mundo histórico como princípio de que a compreensão deve ser realizada a partir dos próprios monumentos escritos. (...) A estrutura circular da compreensão, particularmente, é a expressão da pré-estrutura existencial do *Dasein* e, por isso, dentro do marco gadameriano, tem seu fundamento na faticidade heideggeriana, i.é., a hermenêutica compreensiva tem de ser realizada pelo lema fenomenológico: desde a coisa mesma. Assim, está em princípio colocada a tarefa hermenêutica, no fato de o intérprete não poder se permitir dar um giro por idéia e senso comuns,respectivamente, ter-prévio, pré-visão, pré-conceito, o qual deve elaborar a sua compreensão e, por conseqüência, a sua interpretação, sem se limitar ao domínio inadvertido dos prejuízos, i.é, em hábitos mentais inadvertidos e na arbitrariedade dos acontecimentos, já que a interpretação é um desdobramento que tem como ponto de partida a pré-estrutura da pré-compreensão a fim de não se ocultar a singularidade dos textos" (*Hermenêutica jurídica e concretização judicial*. Porto Alegre: Sergio Antonio Fabris, 2000, p. 266).

dade entre a pré-compreensão do texto, a compreensão da norma e a sua aplicação, pois a compreensão da norma somente é possível por meio de sua aplicação a um caso concreto, razão pela qual "compreender é, então, um caso especial da aplicação de algo geral a uma situação concreta e determinada".[237] Daí por que, na ótica de Gadamer, não existiria processo interpretativo dissociado da aplicação da norma a uma determinada situação jurídica concreta, pois somente por ocasião da aplicação da norma a determinada situação concreta seria possível compreender todo o seu sentido, razão pela qual interpretação, compreensão e aplicação da norma não configurariam três momentos autônomos, mas, sim, interdependentes,[238] exatamente como no método hermenêutico-concretizador de Konrad Hesse, e também como na metódica estruturante de Friedrich Müller.

Nesse sentido, pode-se afirmar que a *concretização* caracteriza uma das faces do fenômeno interpretativo, que diz respeito à realizabilidade (à praticidade) da norma, ou seja, à sua aplicabilidade a um caso concreto.

Assim sendo, considerando que, conforme o método de Konrad Hesse, a interpretação da Constituição envolve concretização, ao intérprete sempre cabe a determinação do conteúdo material vivo da Constituição,[239] especialmente quando ambíguo ou impreciso.

Levando em conta que a Constituição não é, como quer fazer crer Ferdinand Lassalle,[240] meramente um pedaço de papel destinado a retratar os fatores reais de poder, sendo, sim, dotada de força normativa, como aborda Konrad Hesse,[241] pois a realidade (contexto histórico-cultural, social, econômico e político) é indissociável da norma, o intérprete há de conferir à norma fundante a máxima eficácia possível.

---

[237] GADAMER, Hans-Georg, *Verdad y Método*. Trad. de Ana Agud Aparicio y Rafael de Agapito, Salamanca: Ediciones Sígueme, 1977, p. 383.

[238] *Ibidem*, p. 380 e segs.

[239] A noção de direito como "espaço de luta" oferecida por Clèmerson Merlin Clève, segundo o qual "a luta que se trava no seio da Assembléia Constituinte, após a elaboração do documento constitucional, apenas se transfere para o campo da prática constitucional (aplicação e interpretação), abre uma perspectiva clara no âmbito da qual o conteúdo material vivo da Constituição acaba sendo determinado: o da prática constitucional" (*A fiscalização abstrata da constitucionalidade no direito brasileiro*. 2. ed., rev., atual. e ampl., São Paulo: Editora Revista dos Tribunais, 2000, p. 23). Sobre esta noção de direito como "espaço de luta" vejam-se também outras obras do referido autor, como *Temas de direito constitucional* e *O direito e os direitos: elementos para uma crítica do direito contemporâneo*.

[240] LASSALLE, Ferdinand. *O que é uma Constituição ?* Trad. de Hiltomar Martins Oliveira. Belo Horizonte: Editora Líder, 2001.

[241] HESSE, Konrad. *A força normativa da Constituição*. Trad. de Gilmar Ferreira Mendes. Porto Alegre: Sergio Antonio Fabris Editor, 1991.

Nessa esteira, as *normas de eficácia contida*, que têm *aplicabilidade direta, imediata e nem sempre integral*, não podem ser confundidas com as *normas de eficácia limitada*, que têm *aplicabilidade indireta, mediata e reduzida*, sob pena de se negar a respectiva máxima eficácia possível.[242]

É por isso que a temática da concretização jurisdicional será analisada neste trabalho especificamente com referência às normas constitucionais de eficácia contida, que, por serem normas mais abertas e de menor dimensão eficacial (densidade) que as normas de eficácia plena, exigem um esforço interpretativo maior para lhes assegurar a respectiva máxima eficácia possível. De qualquer forma, não se pode esquecer que "a lei é sempre deficiente, não porque o seja em si mesma senão porque frente à ordenação a que se referem as leis, a realidade humana é sempre deficiente e não permite uma aplicação simples das mesmas".[243] Tampouco se pode esquecer que "é a própria indeterminação da norma que proporciona a determinação do conteúdo normativo (ponto de partida à concretização) (...) sendo que os preceitos decorrentes do princípio do Estado de Direito ganham tanto mais relevância (...) quanto mais é feito o emprego e a concretização das normas constitucionais, pois é pela generalidade e indeterminação das normas constitucionais que cada *situação* pode se caracterizar ela-mesma".[244] Nessa linha, "é claro que, abstratamente, o conceito indeterminado não admite mais que uma só solução justa em sua aplicação a uma hipótese de fato determinado, mas é igualmente claro que a concreção dessa única solução não sempre é fácil".[245]

Para José Joaquim Gomes Canotilho,[246] a atualização constitucional abrange a concretização de um sentido normativo, haja ou não pra-

---

[242] Aliás, de acordo com um dos dez preceitos hermenêuticos elencados por Juarez Freitas (In: *O intérprete e o poder de dar vida à Constituição*), consiste exatamente no dever do intérprete de guardar vínculo com a excelência ou otimização máxima da efetividade do discurso normativo, sendo que "sob a égide de tal preceito, eminentemente integrador (na acepção de Smend), resulta que, havendo dúvida sobre se nos encontramos perante uma norma de eficácia plena, contida ou limitada, é de se preferir sempre a exegese conducente à concretização endereçada à plenitude, vendo-se a imperatividade como padrão (convém, no ponto, recordar o acerto de Black). Como observou, com pertinência, Jorge Miranda, 'a uma norma fundamental tem de ser atribuído o sentido que mais eficácia lhe dê; a cada norma constitucional é preciso conferir, ligada a todas as outras normas, o máximo de capacidade de regulamentação'" (p. 236).

[243] Aristóteles, *apud* Hans-Georg Gadamer, *op. cit.*, p.390.

[244] ALFLEN DA SILVA, Kelly Susane, *op. cit.*, p. 370, reportando-se a lições de Ernst-Wolfgang Böckenförde.

[245] ENTERRÍA, Eduardo García de & Fernández, Tomás-Ramón. *Curso de Direito Administrativo*. Trad. de Arnaldo Setti, colab. de Almudena Maria López e Elaine Alves Rodrigues. São Paulo: Ed. Revista dos Tribunais, 1990, p. 396.

[246] CANOTILHO, José Joaquim Gomes, *Constituição Dirigente*, p. 319.

zos para o cumprimento de preceitos impositivos, e seja a concretização efetuada ou não pelo legislador.

Nesse diapasão, sempre que se interpretam as normas constitucionais, procede-se à atualização da Constituição em determinado contexto.[247]

Em se tratando de interpretação de normas de grande abertura, afigura-se necessária a densificação da norma, mediante um processo de concretização, de forma a possibilitar a solução de um problema concreto. Logo, conforme José Joaquim Gomes Canotilho,[248] "através da 'especificação' de soluções ou da 'tipicização' de regras jurídicas e movendo-se num certo espaço de 'discricionariedade concretizadora' o juiz 'clarificaria' de forma 'produtiva' e 'criadora' o sentido material dos preceitos abstractos na aplicação ao caso concreto".[249]

---

[247] De acordo com Peter Häberle, "quem vive a norma acaba por interpretá-la ou pelo menos co-interpretá-la. Toda atualização da Constituição, por meio da atuação de qualquer indivíduo, constitui, ainda que parcialmente, uma interpretação constitucional antecipada. Originariamente, indica-se como interpretação apenas a atividade que, de forma consciente e intencional, dirige-se à compreensão e à explicitação de sentido de uma norma (de um texto)" (*Hermenêutica Constitucional – A sociedade aberta dos intérpretes da Constituição*: contribuição para a interpretação pluralista e 'procedimental' da Constituição. Trad. de Gilmar Ferreira Mendes, Porto Alegre: Sergio Antonio Fabris Editor, 1997, p. 13), sendo que, na sua ótica, Konrad Hesse preconizaria uma concepção interpretativa estrita por envolver uma "sociedade fechada de intérpretes". Ocorre que, no fundo, a concretização de que trata Konrad Hesse não exclui da interpretação outros intérpretes que não os membros dos poderes públicos (Executivo, Legislativo e Judiciário). Especificamente quanto à concretização jurisdicional, impende registrar que, segundo Peter Häberle (*op. cit.*, p. 32), "a vinculação judicial à lei e a independência pessoal e funcional dos juízes não podem escamotear o fato de que o juiz interpreta a Constituição na esfera pública e na realidade. Seria errôneo reconhecer as influências, as expectativas, as obrigações sociais a que estão submetidos os juízes apenas sob o aspecto de uma ameaça a sua independência. Essas influências contêm também uma parte de legitimação e evitam o livre arbítrio da interpretação judicial. A garantia de independência dos juízes somente é tolerável porque outras funções estatais e a esfera pública pluralista fornecem material para a lei". Ademais, neste aspecto a referência de Peter Häberle a Bachof é bastante elucidativa, pois, de acordo com Bachof, o juiz não deve se deixar influenciar em um caso concreto pela opinião pública, mas está, porém, "em permanente comunicação ou em um diálogo duradouro com as partes, com os colegas do próprio Tribunal, com os tribunais do mesmo nível, com os tribunais superiores ou inferiores, bem como com o mundo jurídico, com a ciência, com o povo e a própria opinião pública. Bachof vislumbra até mesmo a possibilidade de se verificar uma comunicação mais autêntica no Tribunal do que no Parlamento". Nesse sentido, poder-se-ia dizer que, mesmo no processo de concretização jurisdicional, afigura-se presente a idéia de interpretação por uma sociedade aberta, variando apenas o grau de participação dos diversos intérpretes no processo de concretização, cuja interpretação, utilizada como argumentação jurídica, acaba influindo na concretização jurisdicional.

[248] CANOTILHO, José Joaquim Gomes, *op. cit.*, p. 322.

[249] Como mais adiante será trabalhado nesta dissertação, não parece acertada a idéia de Canotilho segundo a qual concretização abrangeria uma certa discricionariedade judicial, sendo que a idéia de criação judicial somente parece poder ser recebida na acepção que lhe é dada por Konrad Hesse, registrada mais adiante, segundo a qual o conteúdo da norma interpretada só fica completo com a sua interpretação.

Para José Joaquim Gomes Canotilho,[250] a concretização das normas constitucionais pode se dar mediante ato legislativo ou ato judicial; a concretização judicial seria uma forma subsidiária de atualização das normas constitucionais, ao passo que a concretização legislativa seria a forma principal de atualização. Para ele, a diferença entre a concretização judicial e a legislativa seria que na primeira haveria uma atualização concreta, quanto à solução de determinado caso concreto, ao passo que na segunda haveria uma atualização abstrata e geral. Nesse sentir, a designação dos fenômenos parece merecer maior especificação, pois não parece correto designar a atualização abstrata e geral do legislador por meio da expressão *concretização legislativa*. Assim sendo, e nessa linha, se utilizará a expressão *atualização legislativa* para designar o fenômeno de atualização legislativa da norma constitucional genérica e abstratamente considerada. De qualquer forma, embora José Joaquim Gomes Canotilho não utilize a expressão *concretização jurisdicional*, ele próprio afirma que "a actualização constitucional através das entidades judiciais ou dos entes administrativos não é uma autorização ilimitada para 'complementação actualizadora' *praeter legem*, embora *inter constitutionem*, das imposições legiferantes. É que, *mesmo que se admita uma actualização judicial (e administrativa), não pode esconder-se a distância que vai desde uma actualização concreta pelo direito judicial a uma actualização abstrata e geral, típica do legislador*. Isto leva-nos ao problema da concretização judicial e da concretização legislativa".[251] Por outro lado, a expressão *concretização judicial* também não se afigura a mais correta, posto que o ser legislativa ou o ser judicial não diz respeito ao aspecto subjetivo, acerca de qual Poder do Estado procederá à atualização/concretização, mas, sim, ao aspecto objetivo, relativo à função típica de Estado a ser exercida: quer legislativa, quer jurisdicional. De sorte que a utilização da expressão *concretização jurisdicional* se afigura preferível à utilização da expressão concretização *judicial*, vez que deixa claro tratar-se de concretização que somente pode ocorrer durante o exercício de jurisdição pelos juízes, ou seja, apenas no seio de interpretação de casos concretos submetidos à apreciação jurisdicional, "concretização" que não pode ser realizada pelos representantes do Poder Judiciário no desempenho de funções atípicas.

Konrad Hesse, de seu lado, não utiliza a expressão concretização legislativa, sendo enfático ao afirmar que é "claro que compreender a

---

[250] CANOTILHO, José Joaquim Gomes, *op. cit.*, p. 321.
[251] *Op. cit.*, p. 321.

norma e concretizá-la só é possível com respeito a um problema concreto. O intérprete tem que colocar em relação com dito problema a norma que pretende entender, se quer determinar seu conteúdo correto aqui e agora. Não existe interpretação constitucional desvinculada dos problemas concretos".[252]

Aliás, consoante as lições deste juspublicista,[253] que teorizou o *método hermenêutico-concretizador*, o objetivo da interpretação é encontrar o resultado constitucionalmente correto por intermédio de um procedimento racional e controlável, e fundamentar esse resultado de forma igualmente racional e controlável. Para ele, "precisamente o que não aparece de forma clara como conteúdo da Constituição é o que deve ser determinado mediante a incorporação da realidade de cuja ordenação se trata. Nesse sentido a interpretação constitucional tem caráter criativo: o conteúdo da norma interpretada só fica completo com a sua interpretação", acrescentando que, "através de uma atuação 'tópica' orientada e limitada pela norma (o que significa dizer vinculada pela norma) hão de encontrar-se e provar-se pontos de vista que, procurados por via da criação, são submetidos ao jogo das opiniões a favor e contra e fundamentar a decisão de maneira mais clarificadora e convincente possível (topoi)".[254]

Feitas essas ponderações, verifica-se que, em se tratando de normas constitucionais de eficácia contida, o juiz tem o poder-dever de concretizar a norma visando à solução de determinado caso concreto e com uma margem interpretativa superior àquela de que dispõe em relação às normas de eficácia plena; as normas constitucionais de eficácia contida, por contemplarem conceitos jurídicos indeterminados, contêm um "espaço de jogo de significação" que lhes é peculiar.

O juiz pode, e deve, interpretar a norma de forma a aplicá-la imediatamente na solução do caso concreto, processo em que procederá, inclusive, à densificação da norma, conforme a posição já referida de José Joaquim Gomes Canotilho, sendo que "o termo 'concretização' é, por vezes, utilizado no sentido de 'actualização' ou 'positivação' de cláusulas gerais e de conceitos jurídicos indeterminados. Metódica e metodologicamente significa hoje a superação das regras de interpretação-aplicação tradicionais a favor de um 'processo' – a concretização –,

---

[252] *Ibidem.*, p. 44.
[253] *Ibidem.*, p. 37.
[254] *Ibidem.*, p. 45.

onde se põe em destaque a participação do juiz na 'formação' das 'regras' jurídicas a aplicar nos casos concretos".[255]

Nessa linha, pode-se afirmar que, em se tratando de interpretação e aplicação das normas constitucionais de eficácia contida, as quais configuram o objeto da investigação perpetrada no presente trabalho, o processo de concretização jurisdicional tem integral cabimento.[256]

E mais, cuida-se de processo peculiar, posto que, em sendo a norma dotada de conceitos jurídicos indeterminados, a margem interpretativa é maior, e não inexistente.

Isso posto, cumpre refutar a possibilidade de discricionariedade no processo de concretização desses conceitos jurídicos indeterminados e esclarecer a acepção em que criação judicial ora é adotada, inclusive no que tange à idéia de decisão política, isto é, à idéia de decisão jurisdicional com cunho político.

4.2.2. Discricionariedade jurisdicional?

O processo de concretização jurisdicional não envolve a possibilidade de *discricionariedade judicial* em sentido estrito, eis que o ponto de vista pessoal do julgador não vale como decisivo, inexistindo um verdadeiro espaço de livre apreciação, mesmo diante da presença de conceitos jurídicos indeterminados, visto que a norma constitucional não contempla várias alternativas passíveis de escolha a critério do julgador, com base em valorações pessoais, mas, sim, um certo espaço de significação dentro do qual o intérprete e aplicador do direito se moverá mediante atividade plenamente vinculada.

Isso não afasta, contudo, a existência de um "resíduo pessoal que não é eliminável por redução através da razão, ou seja, um componente individual no acto de decisão",[257] ostentando o julgador uma certa margem residual de livre apreciação, inerente não apenas à função criadora do Direito como também às ciências exatas,[258] que, no entanto, é con-

---

[255] *Op. cit.*, p. 321.

[256] Impende ressaltar neste momento que o processo de concretização jurisdicional das normas de eficácia contida não se confunde com o processo de desenvolvimento judicial/jurisdicional das normas de eficácia limitada.

[257] LARENZ, Karl. *Metodologia da ciência do direito*. Trad. de José Lamego. 3. ed., Lisboa: Fundação Calouste Gulbenkian, 1997, p. 418.

[258] Para Carl Gustav Jung "mesmo os nossos conceitos modernos e basicamente científicos permaneceram durante muito tempo ligados a idéias arquetípicas procedentes, originalmente, do inconsciente. Não expressam necessariamente fatos 'objetivos' (ou pelo menos não podemos provar que o façam), mas se originam de tendências inatas do homem – tendências que o induzem a buscar explicações racionais, 'satisfatórias' nas relações entre os vários fatos exteriores e inte-

trolável por intermédio da jurisprudência, razão pela qual "não é de admitir, nem sequer de desejar, que esta margem de livre apreciação, que a jurisprudência se esforça permanentemente em reduzir, haja de desaparecer totalmente".[259] Na realidade, "no processo de concretização de pautas que carecem de preenchimento, pelos tribunais, a decisão singular actua como exemplo e, nestes termos, contribui para estreitar a margem de livre apreciação residual".[260] Dessa forma, por via do amadurecimento das questões jurídicas na jurisprudência, eventuais resíduos pessoais dos julgadores acabam sendo ou mantidos na solução definitiva dos casos concretos (porque, por meio de um *processo* racional, acabaram sendo reputados consistentes) ou tidos apenas como meros "exemplos" no processo argumentativo jurisprudencial (porque, por meio de um *processo* racional, acabaram sendo reputados inconsistentes e/ou impertinentes).

De qualquer sorte, não se pode olvidar que, a rigor, o poder discricionário não se confunde nem mesmo com a margem residual de livre apreciação dos juízes,[261] visto que discricionariedade envolve a idéia de poder ilimitado cuja escolha das alternativas possíveis se baseia em critérios pessoais de conveniência e oportunidade, que prescindem de motivação e são insuscetíveis de controle, sendo que, ainda quando mo-

---

riores de que se deve ocupar. (...) A microfísica moderna descobriu que só se pode descrever a luz através de dois conceitos complementares, mas logicamente contraditórios: a onda e a partícula. Em termos absolutamente simples, pode-se dizer que sob certas condições de experiência a luz se manifesta como se composta por partículas, e em outras como se fora uma onda. Descobriu-se também que se pode observar detalhadamente ou a posição ou a velocidade de uma partícula subatômica – mas não ambas ao mesmo tempo. *O observador deve escolher o seu plano experimental, mas ao fazê-lo exclui (ou, antes 'sacrifica') outros possíveis planos e resultados.* Além disso, o mecanismo de avaliação deve ser incluído na descrição dos acontecimentos porque exerce influência decisiva, mas incontrolável, nas condições da experiência. (...) Em outras palavras, na microfísica o observador interfere na experiência de um modo que não pode ser exatamente calculado e que, portanto, não se pode também eliminar. (...) Verifica-se, então, que os cientistas já não podem pretender descrever quaisquer aspectos dos objetos exteriores de modo totalmente 'objetivo'. A maioria dos físicos modernos aceitou o fato de que o papel representado pelas idéias conscientes de um observador em todas as experiências microfísicas não pode ser eliminado. Mas não se preocupam estes cientistas com a possibilidade de que as condições psicológicas *totais* do observador (tanto as conscientes quanto as inconscientes) também estivessem envolvidas na experiência. Como observa Pauli, não existem razões *a priori* para rejeitar esta possibilidade, mas precisamos considerá-la como um problema ainda inexplorado e não solucionado" (*O Homem e seus Símbolos.* Trad. de Maria Lúcia Pinho. Rio de Janeiro: Ed. Nova Fronteira, 1964, p. 307/308). (grifei)

[259] *Ibidem*, p. 416.

[260] *Ibidem*, p. 417.

[261] E isso é corroborado pela idéia anteriormente manifestada segundo a qual o outrora considerado poder discricionário de decisão (do lado da hipótese legal) hoje em dia não seria mais considerado discricionário, pois, ao fim e ao cabo, não é informado por juízos de conveniência e oportunidade, mas, sim, por juízos técnico-científicos.

tivados, os atos discricionários não seriam suscetíveis de controle integral,[262] ao passo que a margem residual de livre apreciação dos juízes não se baseia em critérios pessoais de conveniência e oportunidade, mas, sim, na interpretação de conceitos indeterminados, que abrem um certo espaço de significação, mediante decisão motivada e suscetível de controle.[263] Dentro deste certo espaço de significação, o intérprete e aplicador do direito se vincula aos parâmetros impostos pelo próprio sistema constitucional, como será examinado adiante quanto aos limites da concretização.

De qualquer forma, cumpre registrar que enquanto a discricionariedade comporta uma pluralidade de soluções tidas como justas, os conceitos jurídicos indeterminados comportam apenas uma única solução justa, pois envolvem o mero preenchimento de conceitos indeterminados mediante atividade interpretativa vinculada pelos parâmetros impostos pelo sistema constitucional, sendo que, como analisam Eduardo García de Enterría e Tomás-Ramón Fernández, "com a técnica do

---

[262] Se a escolha das alternativas possíveis se der de forma conforme os princípios, a discricionariedade vinculada ter-se-á exercido nos limites possíveis. Nessa linha, sobre a idéia de que toda a discricionariedade seria uma *discricionariedade vinculada aos princípios*, veja-se especialmente o 8º capítulo da obra *Estudos de Direito Administrativo*, de Juarez Freitas.

[263] A este respeito, embora no âmbito do processo civil, José Roberto Santos Bedaque afirma que "na verdade, os dispositivos legais estão repletos de termos abertos, vagos ou indeterminados. São expressões de contornos semânticos flexíveis, no dizer de autorizado doutrinador, conferindo ao juiz maior poder na concretização da regra. Sempre que este fenômeno ocorre, cresce sobremaneira o papel do intérprete, a quem cabe adequar a letra da lei à realidade. Quanto maior a indeterminação do conceito legal, mais relevante e delicada se apresenta a função jurisdicional. A decisão, nestes casos, pressupõe grande *liberdade de investigação crítica* do julgador, que a doutrina processual costuma identificar, de forma não muito precisa, com poder discricionário atribuído ao juiz. Na realidade, não se trata de poder discricionário, visto que o juiz, ao decidir à luz dessas regras, não o faz por conveniência e oportunidade, juízos de valor próprios da discricionariedade. (...) Em última análise, deve-se distinguir poder discricionário de interpretação da lei, que consiste na busca da solução desejada pelo legislador, ou seja, daquela mais adequada à situação descrita no processo. Na verdade, existe apenas uma solução correta, embora várias tecnicamente possíveis. Entre todas, cabe ao juiz escolher aquela que, em seu entender, representa a vontade da lei no caso concreto. Existe, pois, certa confusão, em sede doutrinária e jurisprudencial, entre discricionariedade e interpretação. Por mais amplo que seja o campo de atuação do juiz, no exercício da função de buscar o sentido da lei, sua decisão será sempre fundamentada e representará a única solução possível para a situação examinada, segundo seu entendimento. Em sede recursal, é perfeitamente admissível a obtenção de resultado diverso, visto que o órgão colegiado pode concluir ser outra a solução adequada ao caso concreto. Uma e outra, todavia, representam a única opção correta para o intérprete que a adotou. Nenhum pode escolher qualquer delas segundo juízo de oportunidade" (Discricionariedade judicial. *Revista Forense* 354:190-191, 2001). Nessa linha, para Konrad Hesse, o processo de concretização das normas constitucionais deve envolver a racionalidade *possível*, não conferida pela exatidão absoluta dos resultados como ocorre em relação às ciências naturais, mas conferida, isto sim, por uma exatidão relativa, concernente às razões da decisão, na medida em que tenham aptidão para tornar a decisão convincente e previsível (*Elementos de direito constitucional da República Federal da Alemanha.* Trad. de Luís Afonso Heck. Porto Alegre: Sergio Antonio Fabris Editor, 1998, p. 68/69).

conceito jurídico indeterminado, a lei refere uma esfera de realidade cujos limites não aparecem bem precisados no seu enunciado. (...) A lei não determina com exatidão os limites desses conceitos porque se trata de conceitos que não admitem uma quantificação ou determinação rigorosas, porém, em todo caso, é manifesto que se está referindo a uma hipótese da realidade que, não obstante a indeterminação do conceito, admite ser determinado no momento da aplicação".[264] Ademais, como antes referido, e de acordo com a ótica de Harmut Maurer,[265] em se tratando de normas constitucionais de eficácia contida, os conceitos indeterminados apenas podem situar-se na hipótese de incidência, não existindo neste âmbito uma "discricionariedade de decisão", e sim um maior "espaço de jogo de significação".

Nesse passo, referindo-se à teoria de Neil Maccormick, Manuel Atienza assevera que, em se tratando de conceitos jurídicos indeterminados, que são caracteristicamente ambíguos, os juízes não estão propriamente valorando os conceitos, mas, sim, "acolhendo as valorações do grupo social a que pertencem e aplicando-as a determinados casos", sendo que "a valoração ocorre no momento do estabelecimento da regra semântica, mas este também faz parte do processo de interpretação da norma"; "existem diversos usos possíveis dos termos (cada um dos quais tem um certo respaldo por parte do grupo so-

---

[264] De acordo com Eduardo García de Enterria e Tomás-Ramón Fernández, "para determinar com precisão o âmbito de liberdade estimativa que comporta a discricionariedade, resulta capital distinguir esta da hipótese de aplicação dos chamados 'conceitos jurídicos indeterminados'. A confusão de ambas as técnicas supôs na história do Direito Administrativo um gravíssimo peso, que só recentemente começou a liberar-se. É um mérito da doutrina alemã contemporânea do Direito Público ter levado essa distinção até as últimas conseqüências. Por sua referência à realidade, os conceitos utilizados pelas leis podem ser determinados ou indeterminados. Os conceitos determinados delimitam o âmbito de realidade ao qual se referem de uma maneira precisa e inequívoca. (...) Pelo contrário, com a técnica do conceito jurídico indeterminado, a lei refere uma esfera de realidade cujos limites não aparecem bem precisados no seu enunciado, não obstante o qual é claro que tenta delimitar uma hipótese concreta. (...) A lei não determina com exatidão os limites desses conceitos porque se trata de conceitos que não admitem uma quantificação ou determinação rigorosas, porém, em todo caso, é manifesto que se está referindo a uma hipótese da realidade que, não obstante a indeterminação do conceito, admite ser determinado no momento da aplicação. A lei utiliza conceitos de experiência (incapacidade de exercício de suas funções, premeditação, força irresistível) ou de valor (boa-fé, padrão de conduta do bom pai de família, justo preço), porque as realidades referidas não admitem outro tipo de determinação mais precisa. Porém, ao estar se referindo a hipóteses concretas e não a vacuidades imprecisas ou contraditórias, é claro que a aplicação de tais conceitos à qualificação de circunstâncias concretas não admite mais de uma solução: ou se dá ou não se dá o conceito; ou há boa-fé ou não há; ou o preço é justo ou não é; ou faltou-se à probidade ou não se faltou. *Tertium non datur*. Isto é o essencial do conceito jurídico indeterminado: a indeterminação do enunciado não se traduz em uma indeterminação das aplicações do mesmo, as quais só permitem uma 'unidade de solução justa' em cada caso" (*op. cit.*, p. 392).

[265] *Op. cit.*, p. 54.

cial), e com isso não há outro remédio senão fazer uma escolha, quer dizer, um juízo que exprime uma preferência",[266] mas não com base em critérios pessoais, e sim com base em critérios do grupo social, positivados ou não.

Nessa visada, parece elucidativa a abordagem realizada por Ronald Dworkin sobre discricionariedade, segundo a qual a discricionariedade comportaria três sentidos: dois débeis, frágeis, e um forte, que realmente contaria.[267] No primeiro sentido – sentido débil – dir-se-ia que um homem teria discrição se seu dever se achasse definido por *standards* que as pessoas razoáveis pudessem interpretar de diferentes maneiras, como quando um sargento devesse formar uma patrulha com seus cinco homens mais experientes. No segundo sentido – sentido débil – dir-se-ia que um homem teria discrição se sua decisão fosse definitiva, no sentido de que nenhuma autoridade superior pudesse revisá-la ou anulá-la, como quando um juiz de linha decide se um jogador está fora de jogo. E, no terceiro sentido – sentido forte – dir-se-ia que um homem teria discrição se o conjunto de *standards* que lhe impõem certos deveres não lhe impõem efetivamente dever algum a respeito de uma decisão determinada, como quando num contrato de arrendamento há uma cláusula que permite ao inquilino a renovação discricionária.

Nesse contexto, para Ronald Dworkin, "os juízes concordam às vezes sobre um conjunto de princípios, mas inclusive quando estão divididos a respeito deles, tratam nestas ocasiões o problema como um problema de responsabilidade judicial, quer dizer, como algo que coloca a questão do que é que eles, enquanto juízes, têm o dever de fazer. Em um caso assim, têm discrição no primeiro sentido que distingui, que não vem ao caso. Entretanto, não acredito que tenham discrição no terceiro sentido, que é o que conta".[268] Assim sendo, na visada de Ronald Dworkin, poder-se-ia dizer que, diante de conceitos jurídicos indeterminados, os juízes não exerceriam uma discricionariedade em sentido estrito, assim entendida a discricionariedade em seu sentido forte, como possibilidade de escolha entre várias alternativas possíveis, mas apenas e tão-somente uma discricionariedade em sentido amplo, como possibilidade de interpretação de um conceito indeterminado

---

[266] ATIENZA, Manuel. *As razões do direito – teorias da argumentação jurídica*. Trad. de Maria Cristina Guimarães Cupertino. São Paulo: Landy, 2000, p. 212/213.

[267] DWORKIN, Ronald. *Los derechos en serio*. Trad. de Marta Guastavino. 3. reimpressão, Barcelona: Editorial Ariel, 1997, terceiro capítulo.

[268] *Op. cit.*, p. 132.

E esse sentir reconduz à idéia de Hartmut Maurer[269] segundo o qual não haveria nenhum espaço de livre apreciação do lado da hipótese legal, ou seja, não haveria nenhum poder discricionário de decisão, pois o julgador não procederia a uma apreciação em responsabilidade própria das deduções resultantes do conceito jurídico indeterminado, na medida em que se valeria apenas de valorações científico-especializadas,[270] e não de valorações pessoais orientadas por um juízo de conveniência e oportunidade.

Por conseguinte, a idéia de Karl Engisch de que a discricionariedade no domínio da administração ou no da jurisdição residiria na relevância da convicção pessoal (particularmente a valoração) de quem quer que seja chamado a decidir[271] não parece se sustentar mais, especialmente frente à idéia de Hartmut Maurer de que "enquanto o poder discricionário aparece no lado da conseqüência jurídica, o conceito jurídico indeterminado está localizado do lado do tipo da regulação legal",[272] porquanto não se poderia falar de um poder discricionário de decisão (do lado da hipótese legal). E isto porque, na esteira dos três sentidos abordados por Ronald Dworkin,[273] o que determina a existência, ou não, de poder discricionário em sentido estrito é se o conjunto de *standards* que impõem certos deveres não impõem efetivamente dever algum a respeito de uma decisão determinada, ou, noutros termos, é se o agente pode escolher dentre as várias alternativas possíveis com base em valorações pessoais (conveniência e oportunidade), reputando-se como correta qualquer escolha dentre as possíveis.

Enfatizando que a identificação da diferença entre discricionariedade e conceitos jurídicos indeterminados (que se contêm naquilo que denomina por *"normas flexíveis"*[274]), é uma das contribuições mais importantes da ciência alemã dos últimos tempos, Eduardo Garcia de Enterria leciona que "o peculiar dos conceitos jurídicos indeterminados é que o seu enquadramento numa situação jurídica concreta não pode ser mais que um: ou se dá ou não se dá o conceito", havendo uma *unidade*

---

[269] Veja-se o terceiro capítulo, retro.

[270] Nessa idéia de valorações científico-especializadas, pode-se incluir também a noção de Manuel Atienza acerca de valorações do grupo social, quer positivadas, quer não, pois as valorações do grupo social juridicamente relevantes são apenas as que se justifiquem do ponto de vista científico-especializado.

[271] *Op. cit.*, p. 227.

[272] *Op. cit.*, p. 54.

[273] *Op. cit.*, p. 132.

[274] Ou, de acordo com a classificação adotada nessa obra, conceitos jurídicos indeterminados que se contêm em normas de eficácia contida.

de circunstância concreta. Já a discricionariedade envolve justamente uma *pluralidade* de soluções justas possíveis como conseqüência de seu exercício; *possibilidade* de inúmeras soluções justas exatamente porque a discricionariedade envolve essencialmente uma *liberdade de decisão*, de eleição. Por isso, a aplicação de um conceito jurídico indeterminado compreende um processo de juízo ou de estimação, consistindo numa mera declaração do que é de direito no caso concreto, qualificando-se, por isso como "jurisdição em sentido material".[275]

Logo:

1) em se tratando de conceitos jurídicos indeterminados presentes na hipótese legal, o *administrador* não tem poder discricionário em sentido estrito, pois não poderá escolher dentre as várias interpretações possíveis do conceito com base em valorações pessoais (conveniência e oportunidade), já que deverá utilizar-se de valorações técnico-científicas ou do grupo social para tanto, as quais, por sua vez, deverão guardar relação de congruência com os princípios, havendo apenas uma interpretação que pode ser reputada mais conforme o ato atinente a ditos conceitos e aos princípios;

2) em se tratando de comandos normativos, ou conseqüências jurídicas, que comportem mais de uma escolha possível, o *administrador* terá poder discricionário, pois poderá escolher dentre as várias alternativas possíveis com base em valorações pessoais (conveniência e oportunidade), podendo ser reputadas corretas todas as escolhas conforme os princípios;[276]

3) em se tratando de conceitos indeterminados presentes na hipótese legal, o *juiz* também não tem poder discricionário em sentido estrito, pois não poderá escolher dentre as várias interpretações possíveis do conceito com base em valorações pessoais (conveniência e oportunidade), já que deverá utilizar-se de valorações técnico-científicas ou do grupo social para tanto, havendo apenas uma interpretação que poderá ser reputada mais conforme o ato atinente a ditos conceitos e aos princípios;

---

[275] ENTERRIA, Eduardo Garcia de. *La lucha contra las inmunidades del poder,* 3ª ed., Civitas: Madrid, 1983., p 36-42, especialmente nota n° 24.

[276] Em conformidade com as lições de Juarez Freitas no sentido de que toda discricionariedade seria vinculada, na medida em que "a discricionariedade é invariavelmente vinculada aos princípios constitucionais do sistema jurídico", vale ressaltar que a suma segundo a qual "o administrador, nos atos discricionários vinculados, emite juízos decisórios de valor, no encalço máximo de concretização dos valores projetados pelo sistema jurídico, antepondo uma preferência, sem contraposição com a finalidade principiológica do Direito" (*Estudos de Direito Administrativo*. 2. ed., rev. e atual., São Paulo: Malheiros, 1997, p. 140/149) se projeta no exercício do poder discricionário que envolve a escolha das alternativas possíveis.

4) em se tratando de comandos normativos, ou conseqüências jurídicas, o *juiz* não tem poder discricionário, pois não poderá escolher dentre as alternativas possíveis com base em valorações pessoais (conveniência e oportunidade), já que deverá utilizar-se de dados do caso concreto e de critérios técnico-científicos, havendo apenas uma solução que poderá ser reputada correta por ser aquela que foi definitivamente aplicada, jurisdicionada, dita pelo juiz (*juris dictio*), ou seja, concretizada.

De qualquer sorte, há de se ressaltar que mesmo admitindo-se a existência de um poder discricionário[277] de decisão, do lado da hipótese legal, incluindo-se os conceitos jurídicos indeterminados no âmbito do poder-dever discricionário,[278] ainda assim forçoso seria rechaçar a idéia de discricionariedade judicial[279] em sentido estrito, pois, na linha do

---

[277] Quanto à noção de poder discricionário, cumpre registrar a idéia de Celso Antônio Bandeira de Mello, segundo o qual não existiriam atos propriamente discricionários, "mas apenas discricionariedade por ocasião da prática de certos atos", visto que "nunca o administrador desfruta de liberdade total", pois "o que há é o exercício de *juízo discricionário* quanto à ocorrência ou não de certas situações que justificam ou não certos comportamentos e opções discricionárias quanto ao comportamento mais indicado para dar cumprimento ao interesse público *in concreto*, dentro dos limites em que a lei faculta a emissão deste *juízo* ou desta *opção*" (*Curso de Direito Administrativo*. São Paulo: Malheiros, 1995, p. 245 e 247), idéia que foi ressaltada por Juarez Freitas como característica de uma *observação certeira* (*Estudos de Direito Administrativo*. 2. ed., rev. e atual., São Paulo: Malheiros, 1997, p. 139). Na dicção de Celso Antônio Bandeira de Mello, "com efeito, o que é discricionária é a competência do agente quanto ao aspecto ou aspectos tais ou quais, conforme se viu. O ato será apenas o 'produto' do exercício dela. Então, a discrição não está no ato, não é uma *qualidade* dele; logo, não é ele que é discricionário, embora seja nele (ou em sua omissão) que ela haverá de se revelar" (*Discricionariedade e controle jurisdicional*. 2. ed., 4. tiragem, São Paulo: Malheiros, 2000, p. 18).

[278] Ainda de acordo com as lições de Celso Antônio Bandeira de Mello, impende ressaltar que a discricionariedade envolveria antes um dever do que um poder, porquanto a "ordem normativa propõe uma série de finalidades a serem alcançadas, as quais se apresentam, para quaisquer agentes estatais, como obrigatórias. A busca destas finalidades tem o caráter de *dever* (antes do que 'poder'), caracterizando uma *função*, em sentido jurídico (*Discricionariedade e controle jurisdicional*, p. 13).

[279] Quanto à discricionariedade administrativa e à "discricionariedade judicial", Celso Antônio Bandeira de Mello, que inclui os conceitos indeterminados no âmbito do dever (poder) discricionário, afirma que "se está perante situações substancialmente iguais, mas que do ponto de vista jurídico são *radicalmente distintas*, tem-se em inúmeras decisões jurisdicionais, nas quais o juiz, para pronunciar-se, executa operações mentais em tudo e por tudo substancialmente iguais às que o administrador realiza quando no exercício de discrição, sem que, todavia, o pronunciamento jurisdicional possa – pena de erro gravíssimo – ser qualificado como discricionário. Deveras, para proferir uma sentença, o magistrado precisa sopesar fatos, avaliar se e em que medida se encaixam na regra de direito que 'estimar' ser a própria para a regência da espécie, sempre que controverta também sobre a norma efetivamente pertinente ou sobre a extensão de seu alcance. O juízo lógico que tem de emitir sobre estes pontos é idêntico ao do administrador em um caso de discrição. Inúmeras vezes mais de uma intelecção será razoavelmente comportada e o juiz terá que avaliar qual delas, a seu critério, responde mais satisfatoriamente à finalidade abrigada na lei ou no sistema jurídico encarado como um todo. Tal situação é particularmente notada no que concerne às medidas cautelares em geral e sobretudo na decisão que conferir ou denegar liminar. É por isso

pensamento de Konrad Hesse, o juiz desempenharia um papel criativo na medida em que seria a voz da norma, cujo conteúdo só ficaria completo com a sua interpretação orientada à solução de determinado caso concreto,[280] isto é, com a sua concretização jurisdicional.

Por conseguinte, ao concretizar a norma para aplicá-la na solução de determinado caso concreto, o juiz passa a determinar o seu conteúdo e alcance mediante a incorporação da realidade de que se trata, exercendo um papel criativo, na medida em que o conteúdo da norma interpretada só fica completo com a sua interpretação. O conteúdo da norma não é apreendido por mera pré-compreensão do intérprete, senão, também, com um pensamento problematicamente orientado, ou seja, para e a partir de um problema concreto a resolver.[281]

---

que cabe mandado de segurança, uma vez preenchidos seus normais pressupostos, contra concessão ou denegação de liminar em mandado de segurança. Em quaisquer dos casos referidos, seria juridicamente incorreto falar-se em *discrição* do magistrado. É que, do ponto de vista do Direito, são situações radicalmente distintas da discricionariedade. O específico da função jurisdicional é consistir na *dicção do direito no caso concreto*. A pronúncia do juiz é a *própria voz da lei in concreto. Esta é a sua qualificação de direito*. Logo, suas decisões não são convenientes ou oportunas, não são as melhores ou as piores em face da lei. Elas são pura e simplesmente o que a lei, *naquele caso, determina que seja*. Por isto, ao juiz jamais caberia dizer que tanto cabia uma solução quanto outra (que é o característico da discrição), mas que a decisão tomada é a que o Direito *impõe* naquele caso. Por fim, um Tribunal, quando reforma uma sentença, não o faz, nem poderia fazê-lo, *sub color* de que a decisão revisanda poderia ter sido aquela, mas que a ele parece preferível outra mais conveniente aos interesses em disputa. A reforma da sentença estará sempre fundada em que o que nela se decidiu estava *errado* perante o Direito, o qual exigia outra solução para a questão vertente, pois o *título competencial do magistrado é o de dizer o que o direito quer em um dado caso controvertido submetido a seu pronunciamento. Juris dictio*, significa dicção do direito" (*Discricionariedade e controle jurisdicional*. 2. ed., 4. tiragem, São Paulo: Malheiros, 2000, p. 26).

[280] Outros autores, como Luis Recanséns Siches (Nueva filosofia de la interpretación del derecho), Philipp Heck (El problema de la creación del derecho. Trad. de Manuel Entenza), Mauro Cappelletti (Juízes legisladores? Trad. de Carlos Alberto Alvaro de Oliveira) e Alf Ross (Sobre el derecho y la justicia. Trad. de Genaro R. Carrió), também compartilham dessa idéia.

[281] Neste mesmo sentido, A. Castanheira Neves assevera que "o objeto da interpretação não será o texto das normas jurídicas, enquanto a expressão ou o *corpus* de uma significação a compreender e a analisar, mas a normatividade que essas normas, como critérios jurídicos, constituem e possam oferecer. Se distinguirmos na norma a sua expressão significante (dimensão fenomenológica e cultural) da sua normatividade (dimensão intencional e jurídica) e que a faz ser *norma*, podemos dizer que a interpretação jurídica não visa à expressão da norma, mas à *norma da norma* – não a sua expressão (texto) que tem uma significação, mas a sua norma que tem um sentido especificamente jurídico. O objeto da interpretação é, pois, a norma enquanto norma, não o seu texto enquanto expressão da norma – não o objeto expressamente significativo, mas o objeto intencionalmente normativo-jurídico" (*Metodologia Jurídica* – problemas fundamentais, Coimbra: Coimbra Editora, 1993, p. 143). Também se orientam neste mesmo sentido, quanto à diferença entre texto da norma e conteúdo da norma, Hans-Georg Gadamer, Friedrich Müller, Jürgen Habermas, Peter Haberle, Eduardo García de Enterría, José Joaquim Gomes Canotilho, Jorge Miranda, Karl Larenz, Kelly Susane Alflen da Silva, entre outros.

Neste ponto, cabe trazer à baila as noções da corrente interpretativista e da não-interpretativista,[282] para correlacioná-las com a idéia de concretização jurisdicional, bem como para diferenciar a idéia de criação judicial relevante para o processo concretizador da idéia de atuação do juiz como legislador positivo.

4.2.3. Corrente interpretativista

De acordo com a *corrente interpretativista* (R. Berger, Robert Bork, W. Rehnquist), que surgiu como crítica ao caráter dito político do ativismo jurisprudencial norte-americano, o juiz, ao aplicar a Constituição, não deveria prender-se à literalidade do texto, mas deveria interpretar os enunciados normativos conforme o seu significado lingüístico possível, não podendo exercer qualquer criatividade judicial, já que, pelo regime de democracia representativa, a criação de normas jurídicas envolveria ato de representação popular privativa do legislador e configuraria uma atividade política em sentido estrito. Os limites da interpretação residiriam na textura semântica e na vontade do legislador.[283]

Essa corrente identifica no Direito Constitucional um simples instrumento de governo; compreende o Direito como um sistema fechado de regras precisas; e afasta a possibilidade de ponderação dos valores constitucionais com questões substanciais de justiça, envolvendo a igualdade e a liberdade; na realidade, não utiliza a idéia de sistema.

4.2.4. Corrente não-interpretativista

Já, para a *corrente não-interpretativista,* o juiz, ao aplicar a Constituição, deve levar em conta não apenas a textura semântica do texto normativo e a vontade do legislador, como, também, em nome do sen-

---

[282] Inocêncio Mártires Coelho desenvolve uma abordagem bastante percuciente sobre essas correntes interpretativas e não interpretativas (*Interpretação Constitucional.* Porto Alegre: Sergio Antonio Fabris, 1997, p. 67-73), assim como também Eduardo García de Enterría (*La Constitucion como norma y el Tribunal Constitucional.* 3. ed., Madrid: Civitas, 1985, p. 209 e segs.) reportando-se à obra *Democracy and distrust* de John H. Ely.

[283] Consoante José Joaquim Gomes Canotilho, "neste sentido a Constituição tem uma estrita função de instrumento de governo. Limitar a constituição a um '*instrument of government*' baseia-se em duas premissas fundamentais de uma ordem democrática e liberal: (a) a tese do *pluralismo*, que aponta para a necessidade de confiar a órgãos politicamente responsáveis a concretização dos conteúdos de liberdade e de justiça agitados e defendidos com acentuações substantivas diversas pelos vários grupos e correntes (políticos, religiosos, culturais); (b) a tese do *relativismo de valores (skepticism)* que obriga a rejeitar uma visão 'fundamentalista' de valores e a dar mais peso (relativo) aos valores defendidos por uma maioria democrática do que às posições de uma minoria ou de um órgão judicial" (*Direito Constitucional e Teoria da Constituição.* Coimbra: Livraria Almedina, 1997, p. 1.070).

tido material da Constituição, valores substantivos, como a justiça, a igualdade e a liberdade, e não apenas o valor democracia (vetor da corrente interpretativista) – ou seja, deve levar em conta a vontade de Constituição na ótica de Konrad Hesse – visto que as normas abertas e indeterminadas somente adquiririam efetividade mediante a possibilidade de concretização jurisdicional.[284]

Logo, caso se conceba a Constituição como um sistema aberto de regras e princípios nem sempre determinados, que reclama concretização jurisdicional para vivenciá-la em todos os contextos possíveis, concretização esta controlável por via da motivação das decisões judiciais, a corrente adotada é a não-interpretativista. Aliás, conforme a remissão de Inocêncio Mártires Coelho à diferença formulada por Ernst-Wolfgang Böckenförde, "a *interpretação* é indagação sobre a substância e o sentido de algo precedente que, desse modo e na medida do possível, se completa e se diferencia enquanto tem enriquecido o seu conteúdo; a *concretização* é o preenchimento (criativo) de algo que aponta exclusivamente para a frente ou o princípio, que permanece aberto em tudo o mais que necessita essencialmente da predeterminação conformadora para ser uma norma executável".[285]

Nessa esteira, cumpre ressaltar que o processo de concretização jurisdicional decorre da corrente não-intepretativista, consubstanciando, a rigor, um segundo momento da atividade interpretativa, tocante à definição do sentido e do alcance do conteúdo de determinadas normas com vistas à solução de um determinado problema concreto, na medida em que a interpretação exerceria um papel criativo, que não seria livre e tampouco desvinculado do sistema constitucional. Compreenderia, portanto, uma espécie de processo tópico-sistemático, na medida em

---

[284] Conforme as lições de José Joaquim Gomes Canotilho, "na performativa formulação de um dos autores mais representativos do 'significado substancial da constituição' – R. Dworkin –, os pontos de partida são os seguintes: (1) a *soberania da constituição*, pois o direito da maioria é limitado pela constituição, quer quando existem regras constitucionais específicas (como exigem os interpretativistas), quer quando as formulações constitucionais se nos apresentam sob a forma de 'standards' (conceitos vagos); (2) a *objectividade interpretativa* não é perturbada pelo facto de os juízes recorrerem aos princípios da justiça, da liberdade e da igualdade, ou até a outros conceitos (religião, liberdade de imprensa) ancorados num determinado *ethos* social, pois a interpretação da *constituição* faz-se sempre tendo em conta o texto, a história, os precedentes, as regras de procedimento, as normas de competência que, globalmente considerados, permitem uma actividade interpretativa dotada de tendencial objectividade; (3) de resto, a interpretação substancial da constituição deve perspectivar-se em moldes diferentes dos proclamados pelas teorias interpretativistas: o *direito* não é apenas «conteúdo» de regras jurídicas concretas, é também formado constitutivamente por *princípios jurídicos abertos* como justiça, imparcialidade, igualdade, liberdade. A mediação judicial concretizadora destes princípios é uma tarefa indeclinável dos juízes" (*Ibidem*, p. 1.071).

[285] *Op. cit.*, p. 69.

A aplicabilidade e a concretização das normas constitucionais

que realizado a partir de um problema concreto a resolver e conforme as demais normas do sistema jurídico,[286] consistindo na "ponderada hierarquização de princípios, de normas e de valores, de sorte a obter a máxima justiça possível, substancialmente indispensável para que a Constituição viva".[287]

Ademais, a idéia, da corrente interpretativista, de que os juízes seriam desprovidos de representatividade popular já foi afastada por Mauro Cappelletti,[288] principalmente sob dois ângulos. O primeiro envolveria a forma de nomeação dos juízes para os Tribunais Constitucionais nos países de "Civil Law", nos quais os juízes não seriam eleitos; nesses países, embora o ingresso normal na carreira se desse mediante concurso, ao menos os juízes dos Tribunais Constitucionais seriam dotados de representatividade popular, vez que nomeados politicamente com a participação direta e determinante do Legislativo e do Executivo.[289] E o segundo ângulo envolveria a representatividade popular *lato sensu*, de que seria dotado todo e qualquer juiz,[290] porquanto a todos seria viabilizado o acesso ao processo de seleção de juízes e a todos seria viabilizado o acesso à justiça.[291]

4.2.5. Criação judicial?

Logo, considerando que o juiz somente age como legislador positivo quando estende os efeitos da norma a hipóteses nela não contempladas, forçoso seria reconhecer que, na concretização jurisdicional, o julgador não atuaria como legislador positivo, desde que o processo se afigurasse legítimo, isto é, a atividade fosse desenvolvida de forma plenamente vinculada, conforme já analisado, situação cuja movimentação

---

[286] Nesse sentido, a concretização jurisdicional compreenderia um processo tópico-sistemático nos moldes daquele propugnado por Juarez Freitas (*A interpretação sistemática do direito*. São Paulo: Malheiros, 1995).

[287] FREITAS, Juarez. *O intérprete e o poder de dar vida à Constituição*. In: Direito Constitucional – estudos em homenagem a Paulo Bonavides, Eros Roberto Grau e Willis Santiago Guerra Filho (org.). São Paulo: Malheiros, 2001, p. 232.

[288] CAPPELLETTI, Mauro. *Juízes legisladores?* Trad. de Carlos Alberto Alvaro de Oliveira. Reimpressão, Porto Alegre: Sérgio Antonio Fabris, 1999.

[289] *Op. cit.*, p. 96.

[290] *Op. cit.*, p. 105.

[291] Por outro lado, como já examinou Luiz Flávio Gomes, se o juiz está proibido pelo ordenamento jurídico de dedicar-se à atividade político partidária e de filiar-se a partidos políticos, parece claro que a vontade popular também dotou a função jurisdicional de uma legitimidade democrática, mas distinta da representativa (e nem por isso hierarquicamente inferior): uma legitimação legal ou racional ou formal (*A dimensão da magistratura no Estado Constitucional e Democrático de Direito*. São Paulo: Editora Revista dos Tribunais, 1997, p. 49.).

dentro do espaço de jogo inerente à identificação da significação adequada da norma não poderia dar ensejo à extensão de efeitos a hipóteses nela não contempladas, mas, sim, a hipóteses nela contempladas.[292] É por isso, aliás, que se diz que o limite essencial da concretização jurisdicional consiste exatamente no texto da Constituição escrita, texto este compreendido com todo o seu espaço de jogo de significação. Portanto, se a concretização jurisdicional da norma não importar em alteração do texto, estar-se-á diante de concretização judicial legítima, e não se poderá cogitar de atuação de juiz como legislador positivo. Reflexamente, disso decorre a impossibilidade de o juiz poder declarar a inconstitucionalidade parcial de normas quando isso importar em alteração de texto, sob pena de agir como legislador positivo. Mas a jurisprudência pode, de outro lado, alterar sua interpretação sobre o sentido e o alcance de determinadas normas se tal mudança não implicar alteração de texto, hipótese em que afigurar-se-á presente o fenômeno da mutação constitucional.

A rigor, a criação judicial do direito pelo juiz, no sentido retro exposto, pode assumir, isto sim, diferentes graus de intensidade conforme exatamente a dimensão eficacial das normas (completude).

De qualquer forma, toda concretização jurisdicional é topicamente orientada pelo problema concreto a resolver e vinculada ao sistema jurídico e a contextos históricos, culturais, econômicos, políticos e sociais relativos ao problema a resolver. E aí surge outra questão delicada: as decisões apoiadas neste contexto consubstanciariam decisões políticas, e não decisões jurídicas? Em regra não. Isto porque as decisões jurisdicionais apoiadas em critérios jurídico-normativos e em determinados contextos, ainda que políticos, econômicos ou sociais, se afiguram hermeneuticamente corretas se envolverem a definição do sentido e do alcance de determinado conceito jurídico.[293]

---

[292] E isto reforça a idéia de que nas normas de eficácia contida os conceitos jurídicos indeterminados somente podem vir alocados na hipótese de incidência, e não na conseqüência jurídica. De qualquer sorte, a concretização legítima desses conceitos não ensejará criação judicial ou atuação do juiz como legislador positivo, pois gravitará em ambiente constitucionalmente delimitado, configurando atividade plenamente vinculada.

[293] E, como assevera Celso Ribeiro Bastos, "alguns autores denominam essas influências, na maioria das vezes ocultas e não reveladas pela decisão, como geradoras de decisões políticas. Não se confunda isto, contudo, com a necessidade eventual de se buscar em conceitos de ordem política o aclaramento da terminologia constitucional, a que já se fez referência no Capítulo dos instrumentais interpretativos, especificamente quanto à linguagem jurídico-constitucional. Por outro lado, não se veja nesta referência às decisões políticas que se esteja consagrando ou legitimando o que Canotilho denomina de 'as diretivas das forças hegemônicas ou das que detêm o poder em determinado momento'. Não se trata evidentemente disto. O que se pretende é apenas revelar certas forças ocultas que atuam nas disposições mentais do julgador quando este procede à inter-

Ora, o que distingue a aplicação ou criação judicial da interpretação é exatamente a consideração, além da informação normativa, das informações fáticas e valorativas do caso concreto.

Neste ponto, quanto ao medo das decisões jurisdicionais ditas políticas, impende asseverar que não terão cunho político aquelas decisões que estiverem de acordo com os princípios e as regras do sistema jurídico, sobretudo constitucionais, afigurando-se elucidativas sobre esta questão as observações de Ronald Dworkin quanto à diferença existente entre argumentos políticos e argumentos de princípio.[294] Os argumentos políticos justificariam a decisão demonstrando que favorecem ou protegem alguma meta coletiva da comunidade como um todo. E os argumentos de princípio justificariam a decisão demonstrando que ela respeita ou assegura algum direito, individual ou do grupo.

Nesse contexto, se revela ainda mais clarificadora a metódica estruturante de Friedrich Müller, que, embora parta das mesmas premissas do método hermenêutico-concretizador de Konrad Hesse, apresenta-se sob uma ótica estruturante.

De acordo com Friedrich Müller,[295] o texto da norma não se confunde com a norma. O *texto* consubstancia a *forma* da norma, servindo à formulação do *programa da norma*, isto é, à ordem jurídica tradicionalmente assim compreendida. Já a *normatividade* compreende o *âmbito da norma*, ou, noutros termos, a *matéria* da norma consistente no recorte da realidade social que o programa da norma "escolheu ou criou para si" como seu *âmbito de regulamentação*.

A interpretação do texto da norma é apenas um dos elementos do processo de concretização. O processo de concretização é mais amplo, não consubstanciando um processo meramente cognitivo, como a inter-

---

pretação da norma tendo em vista sua aplicação a um caso prático carecedor de solução definitiva. Essas forças a que se refere se encaixam, por assim dizer, naquilo que Hesse denomina 'recomprensión del intérprete', ou seja, 'El intérprete no puede captar el contenido de la norma desde un punto cuasi arquimédico situado fuera de la existência histórica sino únicamente desde la concreta situación história en la que se encuentra, cuya plasmación há conformado sus hábitos mentales, condicionando sus conocimientos y sus prejuicios. El intérprete comprende el contenido de la norma a partir de una pre-comprensión que es la que va a permitirle contemplar la norma desde ciertas expectativas, hacerse una idea del conjunto y perfilar un primer proyecto necesitado aún de comprobación, corrección y revisión a través de la progressive aproximación a la 'cosa' por parte de los proyectos en cada caso revisados, la unidad de sentido queda claramente fijada'" (*Hermenêutica e interpretação constitucional*. 2. ed., rev. e ampl., São Paulo: Celso Bastos Editor: Instituto Brasileiro de Direito Constitucional, 1999, p. 160).

[294] *Op. cit.*, p. 148.

[295] MÜLLER, Friedrich. *Métodos de trabalho do Direito Constitucional*. Trad. de Peter Naumann. 2. ed., rev., São Paulo: Max Limonad, 2000, p. 53 e segs.

pretação, mas, sim, um processo tanto cognitivo quanto metódico,[296] pois, embora as normas jurídicas não sejam dependentes do caso, elas são referidas ao caso, seja ele real ou fictício, que, por ser dotado de futuridade, implica que toda e qualquer norma somente faça sentido com vistas a um caso a ser solucionado por ela.[297]

Com a metódica estruturante, Friedrich Müller busca uma metódica que permita representar e verificar racionalmente a relevância de critérios normativos de aferição para a decisão, a relevância dos elementos do caso afetados por esses critérios de aferição e a sustentabilidade da decisão;[298] "de uma decisão que deve ser apurada a partir da mediação metodicamente diferenciada de ambos componentes por meio da *concretização da 'pertinente' norma jurídica enquanto 'norma de decisão'*".[299] (grifei)

A concretização da 'pertinente' norma jurídica enquanto *norma de decisão* deve levar em conta os elementos normativos e os elementos do conjunto de fatos selecionados a partir da sua relevância para a solução do caso, devendo haver uma "verificação recíproca da(s) prescrição(prescrições) jurídica(s) considerada(s) relevante(s) junto aos componentes por ela relevantes do conjunto de fatos".[300] De sorte que

---

[296] Para Friedrich Müller, *op. cit.*, p. 61, "a concretização por uma série de razões não pode ser um processo meramente cognitivo. A normatividade comprova-se apenas na regulamentação de questões jurídicas concretas. Ela é exigida somente no processo de tais regulamentações e só com isso adquire eficácia. Normas jurídicas não são dependentes do caso, mas referidas a ele, sendo que não constitui problema prioritário se se trata de um caso efetivamente pendente ou de um caso fictício. Uma norma não é (apenas) carente de interpretação porque e à medida que ela não é 'unívoca', 'evidente', porque e à medida que ela é 'destituída de clareza' – mas sobretudo porque ela deve ser aplicada a um caso (real ou fictício). Uma norma no sentido da metódica tradicional (i.é: o teor literal de uma norma) pode parecer 'clara' ou mesmo 'unívoca' no papel. Já o próximo caso prático ao qual ela deve ser aplicada pode fazer com que ela se afigure extremamente 'destituída de clareza'. Isso se evidencia sempre somente na tentativa efetiva da concretização. Nela não se 'aplica' algo pronto e acabado a um conjunto de fatos igualmente compreensível como concluído. O positivismo legalista alegou e continua alegando isso. Mas 'a' norma jurídica não está pronta nem 'substancialmente' concluída. Ela é um núcleo materialmente circunscritível da ordem normativa, diferenciável com os recursos da metódica racional. Esse 'núcleo' é concretizado no caso individual na norma de decisão e com isso quase sempre também tornado nítido, diferenciado, materialmente enriquecido e desenvolvido dentro dos limites do que é admissível no Estado de Direito (determinados sobretudo pela função limitadora do texto da norma)".

[297] MÜLLER, Friedrich, *op. cit.* p. 63.

[298] Isto porque a metódica deveria "poder decompor os processos da elaboração da decisão e da fundamentação expositiva em passos de raciocínio suficientemente pequenos para abrir o caminho ao *feedback controlador por parte dos destinatários da norma, dos afetados por ela, dos titulares de funções estatais* (tribunais revisores, jurisdição constitucional etc.) *e da ciência jurídica*" (Friedrich Müller, *op. cit*, p. 53). (grifos no original)

[299] MÜLLER, Friedrich, *op. cit.*, p. 53.

[300] MÜLLER, Friedrich, *op. cit.*, p. 64.

apenas os elementos do âmbito normativo seriam relevantes, e não todos os argumentos possíveis da argumentação jurídica.[301]

Cuida-se de processo metódico que parte de uma teoria da norma que deixa por trás o positivismo legalista,[302] não importando em mera reelaboração de algo já efetuado,[303] ou seja, não importando em criação judicial.

Considerando, pois, que "os meios tradicionais da metódica jurídica se referem explicitamente apenas ao tratamento de textos", no sentir de Friedrich Müller, "eles devem ser complementados por elementos metódicos que permitam aproveitar o teor material dos âmbitos das normas de forma expressa e racionalmente verificável para a decisão normativamente orientada de casos jurídicos";[304] na medida em que essa metódica compreende uma análise do processo estrutural da concretização, ela se concebe como metódica estruturante, que "não fala de 'graus' ou 'estágios' da interpretação, mas de 'elementos' do processo de concretização".[305]

E esses elementos do processo de concretização apresentam-se como limites materiais do processo interpretativo, na medida em que estabelecem a moldura dentro da qual o jogo de significação poderá ser

---

[301] Reportando-se à metódica de Friedrich Müller, Robert Alexy ressalta que os argumentos exclusivamente empíricos não poderiam ser reputados relevantes, pois o que conferiria a relevância para os argumentos empíricos seria a sua conexão com argumentos valorativos ou normativos pertinentes ao caso (*Teoría de los derechos fundamentales*. Madrid: Centro de Estudios Políticos y Constitucionales, 2001, p. 79).

[302] MÜLLER, Friedrich, *op. cit.*, p. 61.

[303] Na dicção de Friedrich Müller, "a concretização jurídica não é 'reelaboração' de valorações legislativas; não é 'reelaboração de configurações espirituais objetivamente fornecidas como orientações prévias'. A norma jurídica deve regulamentar uma quinta essência indeterminada de casos jurídicos práticos, nem concluída nem suscetível de ser concluída na direção do futuro. Tais casos jurídicos não podem nem devem ser pré-'solucionados' qualitativa e quantitativamente pelo legislador. A sua regulamentação com base na norma jurídica (e, entre outros fatores, com ajuda do seu teor literal), consiste em partes essenciais de algo diferente da 'reelaboração'. De reelaboração de decisões legislativas só se pode falar em um sentido condicionado onde se trata de teores normativos 'determinados' (âmbitos de normas definidos e gerados pelo direito, tais como trâmites puramente formais referentes a trâmites processuais, prazos e datas, normas sobre a composição de um tribunal, prescrições numericamente determinadas etc.). Mas a práxis sabe à saciedade que mesmo em tais casos-limite as dificuldades e a 'falta de clareza' são inevitáveis. As competências *strictiore sensu*, repartidas pelo ordenamento constitucional e jurídico entre os poderes Legislativo, Executivo e Judiciário não são competências para a 'explicação', 'recapitulação' de textos de normas, mas competências para a concretização jurídica e a decisão do caso com caráter de obrigatoriedade, em cujo quadro a interpretação enquanto explicação do texto constitui um elemento certamente importante, mas apenas um elemento entre outros" (Métodos de Trabalho do Direito Constitucional, p. 66).

[304] MÜLLER, Friedrich, *op. cit.*, p. 110.

[305] MÜLLER, Friedrich, *op.* cit., p. 69.

avaliado pelo intérprete,[306] havendo ainda, e antes disso, certos limites formais, de procedimento, que se colocam como limites ao *processo* de concretização.

Nesta seara, o exame da concretização jurisdicional das normas constitucionais de eficácia contida[307] dotadas de conceitos jurídicos indeterminados consiste no exame atinente à forma pela qual pode ser definido[308] o sentido e o alcance desses conceitos a fim de que se possam aplicar as referidas normas diretamente a casos da vida real submetidos à apreciação jurisdicional, o que, ao fim e ao cabo, acaba envolvendo não apenas a aplicação da norma, como, também, uma atividade de concretização no sentido de vivificação da Constituição, sem que isso caracterize a atuação dos juízes como legisladores positivos. Logo, a concretização jurisdicional das normas constitucionais de eficácia contida aparece como uma *possibilidade*, mas não como mera possibilidade, e sim como um *poder-dever* jurisdicional, já que, tratando-se de norma com aptidão para gerar efeitos imediatos, o julgador deve concretizá-la de forma a viabilizar a máxima eficácia possível com a sua aplicação a casos concretos.

Todavia, como já acenado anteriormente, esse poder-dever jurisdicional não é ilimitado.

---

[306] Cumpre aqui reforçar a idéia de Ernst-Wolfgang Böckenförde, referida por Kelly Susane Alflen da Silva (*op. cit.*, p. 370), já referida em nota de rodapé nesta dissertação, segundo a qual a indeterminação do conteúdo normativo consubstanciaria o próprio ponto de partida da concretização, com a idéia de Friedrich Müller no sentido de que "conceitos jurídicos no texto da norma fornecem apenas em determinados casos (no âmbito da norma gerado pelo direito, como *e.g.* em prazos, datas e prescrições meramente processuais) descrições factuais do que é referido; via de regra eles evocam apenas enquanto sinalizadores e concatenadores o que se pensa como correspondência na realidade social. O texto da norma não 'contém' a normatividade e a sua estrutura material concreta. Ele dirige e limita as possibilidades legítimas e legais da concretização materialmente determinada do direito no âmbito do seu quadro. Conceitos jurídicos em textos de normas não possuem 'significado', enunciados não possuem 'sentido' segundo a concepção de um dado orientador acabado. Muito pelo contrário, o olhar se dirige ao trabalho *concretizador ativo* do 'destinatário' e com isso à *distribuição funcional dos papéis* que, graças à ordem jurídico-positiva do ordenamento jurídico e constitucional, foi instituída para a tarefa da concretização da constituição e do direito" (*op. cit*, p. 56).

[307] Ressalte-se que, conquanto em Friedrich Müller (*op. cit.*, Capítulo III) *e* em Karl Larenz (*op. cit.* Capítulo V), a idéia de processo de "concretização" seja *também* associada à idéia de "desenvolvimento do direito", a presente dissertação limitar-se-á à utilização do termo "concretização", pois está tratando apenas de normas de eficácia contida, sendo que a idéia de "desenvolvimento do direito" comporta a problemática da imediata aplicabilidade de *todas* as normas constitucionais (inclusive as tidas como de eficácia limitada). Sobre a idéia de "desenvolvimento do direito, veja-se a obra de Sérgio Fernando Moro intitulada *Desenvolvimento e efetivação judicial das normas constitucionais* (São Paulo: Max Limonad, 2001).

[308] Quanto o conceito jurídico indeterminado contido na hipótese legal de uma norma constitucional não se acha desde lodo definido na Constituição, o conceito pode vir a ser definido pela legislação infraconstitucional e, enquanto não for definido por essa legislação, poderá (e deverá) ser definido para os casos concretos no processo de concretização jurisdicional.

4.3. LIMITES AO PROCESSO DE CONCRETIZAÇÃO

4.3.1. Limites formais

O processo de concretização jurisdicional submete-se a *limites formais*, ou seja, a limites da concretização enquanto processo; sujeita-se a limites processuais, de procedimento. São limites vocacionados a evitar a prática de arbítrio pelo julgador e a viabilizar o controle da racionalidade e da legitimidade do processo. Nesse sentido, na remissão de Mauro Cappelletti ao Justice Douglas, revela-se esclarecedora a afirmativa de que "a diferença entre legalidade e arbítrio em grande parte constitui uma questão de procedimento".[309]

4.3.1.1. Passividade do julgador

Um primeiro limite formal ao processo de concretização jurisdicional consubstancia o próprio diferencial entre a concretização realizada no âmbito jurisdicional e a atualização realizada pelos demais intérpretes da Constituição, consistindo na *passividade do julgador*, que deve agir apenas mediante provocação das partes, as quais, em sua relação interna, devem ostentar uma pretensão resistida, devendo haver uma conexão da atividade decisória com as controvérsias do caso, observando-se o devido processo legal, o contraditório e a ampla defesa.

4.3.1.2. Independência e imparcialidade dos juízes

Um segundo limite formal consiste na *independência e imparcialidade dos juízes*.

Considerando que as funções legislativa, executiva e jurisdicional decorrem do princípio da especialização funcional, que, juntamente com a independência orgânica, fundamentam a divisão de poderes, pode-se afirmar que o dever de imparcialidade dos julgadores é um corolário da independência e pressupõe que na concretização jurisdicional se utilizem apenas argumentos de índole técnica,[310] e não argumentos de índole pessoal.

---

[309] CAPPELLETTI, Mauro. *Juízes legisladores?* Trad. de Carlos Alberto Álvaro de Oliveira. Reimpressão, Porto Alegre, Sergio Antonio Fabris Editor, 1999, p. 79.

[310] A afirmação de Peter Häberle segundo a qual "para o juiz da Corte Constitucional não existe um controle técnico", pois a sua conduta é "regulada" pelo "espaço público" (*op.cit.*, p. 26, nota 38), parece que deve ser interpretada como impossibilidade de outro Poder Público realizar um controle de índole técnica das decisões da referida Corte, mas não que tais decisões possam decorrer da utilização de argumentos de índole pessoal.

Isto não quer dizer, porém, que o juiz não deve, por exemplo, sofrer a influência da opinião pública, pois o "juiz interpreta a Constituição na esfera pública e na realidade", sendo que as influências externas "contêm também uma parte de legitimação e evitam o livre arbítrio", na medida em que se compreende que "todos estão inseridos no processo de interpretação constitucional, até mesmo aqueles que não são diretamente por ela afetados".[311] Daí por que o juiz pode, e, de acordo com Peter Häberle, deve, sofrer uma influência qualitativa e de conteúdo dos demais participantes do processo de concretização, quer sejam, quer não, diretamente afetados por ela, desde que sempre fundamente as suas decisões em argumentos de índole técnica, ou observe os limites materiais à concretização, como adiante será analisado.

4.3.1.3. Dever de fundamentação das decisões jurisdicionais

E um terceiro limite formal à concretização consiste no *dever de fundamentação das decisões jurisdicionais*, visto não apenas como dever de motivar, mas, também, como dever de fundamentar de forma pertinente ao programa e ao âmbito da norma, bem como à argumentação desenvolvida pelas partes (viabilizando um controle da sua decisão), sem, contudo, quanto a esta, ter o dever de enfrentar todos os argumentos, mas apenas os juridicamente relevantes. Na medida em que configura um dever de convencer as partes, o dever de fundamentação ostenta um caráter político que o distingue do dever de meramente motivar a decisão.

Conforme as lições de Friedrich Müller, "a representação e publicação da *fundamentação* deve, por um lado, convencer os atingidos, por outro tornar a decisão controlável para um possível reexame por tribunais de instância superior, para outras chances de tutela jurídica e com vistas à questão da sua conformidade à constituição. Um outro efeito consiste na introdução da decisão publicada e fundamentada na discussão da práxis e da ciência jurídica e da política jurídica e constitucional".[312]

Conforme Manuel Atienza, "a obrigação estabelecida de 'motivar' – justificar – as decisões contribui não só para torná-las *aceitáveis –*, e isso é particularmente relevante nas sociedades pluralistas que não consideram como fonte de legitimidade ou de consenso coisas tais como

---

[311] HÄBERLE, Peter, *op. cit.*, p. 31 e seg.
[312] *Op. cit.*, p. 52.

tradição ou autoridade-, como também para que o Direito possa cumprir a sua função de *guia da conduta humana*".[313] (grifei)

4.3.2. Limites materiais

O processo de concretização jurisdicional submete-se, por outro lado, a *limites materiais*, isto é, à observância de certos elementos na busca do conteúdo material das normas.

Considerando que a concretização deve levar em conta a diferença existente entre texto, âmbito da norma e âmbito do caso, embora o processo de concretização deva considerar as técnicas de interpretação tradicionais, não pode ele se contentar com estas técnicas, visto que o uso puro e simples de elementos metodológicos *stricto sensu* não viabiliza uma pesquisa profunda sobre o conteúdo material da norma.

Assim sendo, com base nas teorias de Konrad Hesse e de Friedrich Müller, pode-se dizer que no processo de concretização jurisdicional, além de outros que a doutrina e a jurisprudência possam recomendar, devem ser observados os seguintes elementos: primeiro, os elementos tradicionais, ou seja, a interpretação gramatical, a interpretação histórica, a interpretação lógica, a sistemática e a teleológica; segundo, os elementos do âmbito da norma e do âmbito do caso, isto é, a reserva de consistência e a reserva do possível; e por último, os elementos dogmáticos, ou seja, a jurisprudência e a doutrina.

Na indicação desses elementos, prescindiu-se de uma indicação autônoma dos chamados "elementos de teoria" e dos chamados "elementos de política constitucional" da metódica de Friedrich Müller, entendendo-se que tais elementos se inserem dentre os elementos do âmbito da norma e do âmbito do caso, ou, mais especificamente, na reserva de consistência e na reserva do possível.

Com efeito, todos os elementos utilizados no processo de concretização podem ser enquadrados dentre os elementos diretamente referidos a normas, mesmo aquela parte da doutrina aparentemente desvinculada de normas, já que não se pode conceber uma teoria elaborada de forma absolutamente alheia a qualquer norma, seja princípio, seja regra. Na linha de Friedrich Müller, porém, o que pode se afirmar é que os elementos tradicionais se referem à interpretação de textos, mas apenas em primeira linha; a reserva de consistência e a reserva do possível se referem à análise do âmbito da norma e do âmbito do

---

[313] *Op. cit.*, p. 25.

caso (fato + valor); e a jurisprudência e a doutrina se referem a elementos dogmáticos auxiliares no processo de concretização.

4.3.2.1. Elementos tradicionais

Os *elementos tradicionais* abrangem a interpretação gramatical, a interpretação histórica, a interpretação lógica, a sistemática e a teleológica.

4.3.2.1.1. Interpretações gramatical, histórica, lógica, sistemática

e teleológica. Na seara da *interpretação gramatical* se encontra o limite mais importante da interpretação constitucional, que é o texto da norma.[314]

Logo, se o texto da Constituição não oferece "início" para a resolução do problema, deve o problema ficar sem solução; mas esse "início" para a resolução do problema não pode ser confundido com determinação e univocidade de conceitos, pois, como já mencionado, a abertura e indeterminação de conceitos configura exatamente o ponto de partida da concretização. Por *"início'* para a resolução do problema" deve-se entender o texto cuja concretização mediante a utilização de outros elementos racionais e controláveis, como adiante será analisado, permita resolver o problema; isso porque texto não se confunde com norma.

Friedrich Müller adverte que:

"(...) a interpretação gramatical evidencia depender da estrutura da norma. Isso não se deve ao fato da norma estar substancialmente presente no texto da norma. Os teores materiais jurídicos não estão

---

[314] De acordo com Konrad Hesse, "a interpretação está vinculada a algo estabelecido. Por isso, os limites da interpretação constitucional estão lá onde não existe estabelecimento obrigatório da Constituição, onde terminam as possibilidades de uma compreensão conveniente do texto da norma ou onde uma resolução iria entrar em contradição unívoca com o texto da norma. Estabelecimentos obrigatórios podem, nisso, também estar contidos em Direito Constitucional não-escrito. Como, entretanto, direito não-escrito não deve entrar em contradição com a *constitutio scripta*, é esta um limite insuperável da interpretação constitucional. Esse limite é pressuposto da função racionalizadora, estabilizadora e limitadora do poder da Constituição. Ele inclui a possibilidade de uma mutação constitucional por interpretação; ele exclui um rompimento constitucional – o desvio do texto em cada caso particular – e uma modificação constitucional por interpretação. Onde o intérprete passa por cima da Constituição, ele não mais interpreta, senão ele modifica ou rompe a Constituição. Ambos estão proibidos a ele pelo direito vigente. Mesmo que um problema, por conseguinte, não se deixe resolver adequadamente por concretização, o juiz, que está vinculado à Constituição, não tem livre escolha dos *topoi*" (*Elementos de Direito Constitucional da República Federal da Alemanha*. Trad. (da 20. ed. alemã) de Luís Afonso Heck, Porto Alegre: Sergio Antonio Fabris, 1998, p. 70).

'contidos' nos elementos lingüísticos dos enunciados jurídicos. Conceitos jurídicos não coisificam enunciados. O conceito jurídico dogmático só tem valor de signo. Além disso o aspecto gramatical (só aparentemente unívoco) freqüentemente obriga a decidir-se por um entre vários modos de utilização dos conceitos usados, entre significados na linguagem cotidiana e na linguagem jurídica e em parte também entre diferentes significados jurídicos. Isso somente é possível porque *também o 'método' gramatical não diz respeito ao texto da norma, mas à norma.* Já aqui o possível sentido da norma deve ser interpretado por antecipação, o que implica o abandono da esfera da interpretação de cunho filológico".[315] (Grifos no original)

Nesse sentido, pode-se dizer que a definição de conceitos jurídicos indeterminados não se opera com base em elementos meramente filológicos, mas, sim, com base em dados da realidade, em se tratando de conceitos descritivos, ou com base em dados de significação, em se tratando de conceitos normativos.

Em ambos os casos, o julgador deverá valorar os dados pertinentes a certo e determinado caso concreto com vistas a determinar o sentido e o alcance do conceito possíveis para o caso.

Não se trata aqui de acreditar que existe uma única definição possível, pois, na dicção de Agustín Gordillo, "se se pensa que só há uma definição possível, necessariamente válida em determinado ordenamento jurídico, e que todos os que não a compartilhem incorrem em *erro*, então a questão está irremediavelmente desencaminhada. Discutir sobre essa premissa é como ir e vir numa 'verdadeira via morta' e fazer 'monumentos à esterilidade', nas palavras de Carrió".[316] (Grifo no original)

A decisão, isto é, a escolha entre as definições possíveis deve atender a critérios de "conveniência" científica, didática ou prática, conforme remissão de Agustín Gordillo ao pensamento de Genaro Carrió.[317]

Assim, não se pode negar, que, num primeiro momento, ou numa primeira etapa do processo interpretativo, no exemplo do art. 5º, inciso XI, da Constituição Federal de 1988, a noção de "dia", como conceito jurídico indeterminado descritivo, requer o exame de dados da realidade, e não apenas do significado filológico da palavra "dia".

---

[315] *Op. cit.*, p. 74.
[316] GORDILLO, Agustín. *Princípios gerais de Direito Público*. Trad. de Marco Aurélio Greco; revisão de Reilda Meira., São Paulo: Ed. Revista dos Tribunais, 1977, p. 8.
[317] *Op. cit.*, p. 11.

Já a noção de "participação dos trabalhadores nos lucros ou resultados da empresa", prevista no art. 7º, inciso XI, da Constituição Federal, como conceito jurídico indeterminado normativo, pressupõe, num primeiro momento, ou numa primeira etapa do processo interpretativo, um exame de dados de significação, como as noções de lucro e resultado da empresa, bem como a noção de remuneração, não sob aspectos meramente filológicos, mas, também sob aspectos do âmbito material da norma e do âmbito do caso.

Na *interpretação histórica,* o que se busca é descobrir a "vontade do legislador", ou seja, desvendar a intenção reguladora do legislador ou a sua idéia normativa.

Como "vontade do legislador", ou, aqui, do constituinte, reputa-se a vontade da comissão parlamentar, daquilo que efetivamente foi discutido, sendo que as idéias normativas da comissão, embora relevantes, não funcionam como "bitola vinculativa para o intérprete, que, pelo contrário, se afastará delas amiúde, porque as idéias normativas dos autores da lei ficam geralmente aquém das possibilidades de aplicação da norma, mesmo quando se não apóiam de antemão numa avaliação errônea da situação normativa".[318]

A interpretação histórica configura, a rigor, a única interpretação não referida a textos jurídicos dotada de autonomia, pois todos os outros elementos interpretativos se combinam entre si.

A *interpretação sistemática* busca preservar a unidade do sistema jurídico, não apenas do sistema constitucional, como também do sistema jurídico como um todo, razão pela qual não se pode estranhar que o Supremo Tribunal Federal tenha interpretado a noção de "crime político" prevista no art. 109, inciso IV, da Constituição Federal, com base em anterior Lei de Segurança Nacional.[319]

E, finalmente, a *interpretação teleológica* busca averiguar qual o objetivo, a finalidade, o escopo da norma, tanto no que diz respeito "aos dados factuais, em relação aos quais nem o legislador pode alterar o que quer que seja", quanto no que diz respeito "aos princípios ético-jurídicos, que estão antepostos a uma regulação", como leciona Karl Larenz.[320]

De qualquer sorte, as *interpretações lógica, sistemática e teleológica* combinam vários, senão todos, elementos de concretização, ver-

---

318 LARENZ, Karl, *op. cit.,* p. 464.
319 Precedente já citado do STF, Pleno, RECR 160.841, Rel. Min. Sepúlveda Pertence, DJU 22.09.95, p. 30.610.
320 LARENZ, Karl. *Metodologia da Ciência do* Direito. Trad. De José Lamego, 3ª ed., Lisboa: Fundação Calouste Gulbenkian, 1997, p. 469.

sando também sobre aspectos do âmbito material da norma e do âmbito do caso. Essas interpretações envolvem, ainda, os princípios da unidade da constituição, da concordância prática (com o princípio da proporcionalidade), da correção funcional e da razoabilidade.

4.3.2.1.2 Princípio da unidade da Constituição. Pelo *princípio da unidade da Constituição,* verifica-se a existência de uma relação de interdependência entre os diversos elementos da Constituição, de forma que todas as normas constitucionais, ainda que de eficácia contida e mais abertas, hão de ser interpretadas de maneira que se evitem contradições com outras normas constitucionais e se evite sua limitação unilateral a aspectos particulares.

4.3.2.1.3 Princípio da concordância prática. Pelo *princípio da concordância prática,* a fixação de limites deve responder, em cada caso, ao princípio da proporcionalidade. Concordância prática se alcança por meio de uma coordenação proporcional entre duas magnitudes variáveis, de forma a preponderar aquela que melhor responda a tal tarefa de otimização.

4.3.2.1.4 Princípio da proporcionalidade. O *princípio da proporcionalidade*, em tese, teria a sua sede material no princípio do Estado de Direito, sendo corolário do princípio da isonomia, no sentido de "igualdade relativa", e podendo ser corolário do princípio da legalidade, no sentido de "reserva da lei proporcional".[321]

Seu conteúdo compreende três níveis: adequação, necessidade e proporcionalidade em sentido estrito. Considerando que o fim colimado pela norma pode ser atingido por diversos meios, revelar-se-á *adequado* o meio apto a atingir o fim visado, sendo dotado de utilidade pertinente. Por sua vez, o meio adequado revelar-se-á *necessário* se envolver o

---

[321] Sobre as noções de "igualdade relativa" e de "reserva da lei proporcional" veja-se o artigo de Heinrich Scholler intitulado *Princípio da proporcionalidade nos Direitos Constitucional e Administrativo da Alemanha* (Trad. de Ingo Wolfgang Sarlet, *Revista do Tribunal Regional Federal da 4ª Região* 38: 229-246, 2000). A propósito, quanto à *reserva de lei,* Hans G. Rupp assinala que "em todas as ingerências do Estado na esfera de liberdade do indivíduo deve respeitar-se sempre o princípio da proporcionalidade entre os meios empregados e os fins perseguidos", sendo que este princípio "deriva do princípio do Estado de direito e, no fundo, também da natureza dos direitos fundamentais, que, enquanto expressão do direito geral do cidadão de liberdade frente ao Estado, não podem limitar-se pelo poder público", mas apenas na medida em que resulte indispensável para assegurar a proteção do interesse público (*El Tribunal Constitucional Federal Aleman.* In: Tribunales Constitucionales Europeos y Derechos Fundamentales. Louis Favoreu (org.). Trad. de Luis Aguiar de Luque e Maria Gracia Rubio de Casas. Madrid: Centro de Estudios Constitucionales, 1984, p. 326).

estado menos oneroso, isto é, caso se mostre "como 'o mais suave' dentre os diversos disponíveis, ou seja, menos agressivo dos bens e valores constitucionalmente protegidos".[322] E, enfim, revelar-se-á *proporcional em sentido estrito* caso se mostre como mais vantajoso, ou, noutros termos, "se sacrificar o mínimo para preservar o máximo de direitos", já que "em nenhuma circunstância um direito constitucional deve suprimir, por inteiro, outro direito".[323]

Em se tratando de restrições a direitos fundamentais, Heinrich Scholler registra que:

> "(...) o Tribunal Federal Constitucional acabou por desenvolver, como método auxiliar, a "Teoria dos Degraus" e a assim denominada "Teoria das Esferas". De acordo com a primeira concepção, as restrições a direitos fundamentais devem ser efetuadas em diversos degraus. Assim, por exemplo, já se poderá admitir uma restrição na liberdade de exercício profissional (art. 12 da Lei Fundamental) por qualquer motivo objetivamente relevante, ao passo que no degrau ou esfera mais profunda, a liberdade de escolha da profissão, tida como sendo em princípio irrestringível, uma medida restritiva apenas encontrará justificativa para salvaguardar bens e/ou valores comunitários de expressiva relevância de ameaças concretas, devidamente comprovadas, ou pelo menos altamente prováveis.
> Importa consignar, além disso, que a restrição deverá operar apenas em um degrau (ou esfera) do âmbito de proteção do direito fundamental, passando-se para a fase seguinte tão-somente quando uma restrição mais intensa se fizer absolutamente indispensável para a consecução dos fins almejados".[324]

Quando fala na "teoria das esferas", Robert Alexy enfatiza que seria possível distinguir três esferas com decrescente intensidade de proteção. Primeiramente e mais intensamente protegida, a "esfera mais interna", ou noutros termos, o "último âmbito intangível da liberdade humana"; depois, e menos intensamente protegida, a "a esfera privada ampla"; e, finalmente, e ainda menos intensamente protegida, "a esfera

---

[322] GUERRA FILHO, Willis Santiago. *Princício da proporcionalidade e teoria do Direito.* In: Direito Constitucional – estudos em homenagem a Paulo Bonavides. Eros Roberto Grau & Willis Santiago Guerra Filho (org.), São Paulo: Malheiros, 2001, p. 270.

[323] FREITAS, Juarez. *O intérprete e o poder de dar vida à Constituição: preceitos de exegese constitucional .* In: Direito Constitucional – estudos em homenagem a Paulo Bonavides. Eros Roberto Grau & Willis Santiago Guerra Filho (org.). São Paulo: Malheiros, 2001, p. 232.

[324] *Op. cit.,* p. 240.

social.[325] Embora, por definição, na "esfera mais interna" o indivíduo não afetaria com seu ser ou seu comportamento outros indivíduos, tampouco os interesses da vida em comunidade, Robert Alexy critica a afirmação do Tribunal Constitucional Federal alemão segundo a qual na "esfera mais privada" não caberia uma ponderação segundo as pautas do princípio da proporcionalidade, pois para que tenha importância prática uma concepção mais forte da "esfera mais privada" dever-se-ia considerar determinadas situações e forma de comportamento do indivíduo "protegidas em todos os casos", inclusive perante os direitos de outros indivíduos ou interesses da comunidade, concepção que acaba sendo resultado de uma ponderação segundo a qual haveria uma prioridade absoluta dos princípios da liberdade negativa e da dignidade da pessoa humana frente a quaisquer outros princípios.

No exemplo do direito de greve do servidor público, previsto no art. 37, inciso XII, da Constituição Federal de 1988, a restrição ao exercício do direito, consubstanciada na manutenção dos serviços essenciais não pode ser tão intensa a ponto de sacrificar o exercício do próprio direito de greve, mas apenas como garantia da manutenção de serviços públicos na medida em que são tidos por essenciais, ou seja, no ponto em que envolvem necessidades alimentares, de saúde e de segurança públicas. De qualquer forma, neste contexto, tem-se de equilibrar o exercício do direito de greve com eventuais efeitos colaterais que venham a atingir terceiros, não se podendo sacrificar por inteiro um direito em detrimento do outro, mas devendo ser verificado o núcleo essencial de cada direito envolvido no conflito. Logo, se as perdas salariais dos servidores públicos forem tão significativas com capacidade para atingirem necessidades alimentares, o direito reflexo de terceiros não poderá acarretar o sacrifício do próprio direito de greve, se houverem sido mantidos os serviços essenciais, assim reputados aqueles que envolvam necessidades alimentares, de saúde e segurança públicas.[326]

---

[325] ALEXY, Robert. *Teoria de los derechos fundamentales*. Centro de Estúdios Constitucionales, Madrid; 1993, p. 350/351.

[326] De acordo com a análise realizada por Gustavo Zagrebelsky a partir de acontecimentos recentes, pode-se verificar que esta também é a tendência na Itália, como deflui das seguintes lições: "a expressão 'direitos fundamentais' não figura na Constituição italiana que, sem embargo, prevê uma lista numerosa de direitos fundamentais do homem e do cidadão, segundo a tradição constitucional de origem liberal. Nesta lista é preciso fazer uma distinção preliminar entre: a) os direitos do homem cuja extensão depende diretamente da Constituição, e b) os direitos submetidos a reserva de sua adequação ao interesse público, tal como é definido pela lei. (...) a situação colocada a propósito do direito de greve é totalmente peculiar. A Constituição prevê um direito suscetível de restrições mediante lei. Sem embargo, o desenrolar dos acontecimentos parece ter sido o contrário, enquanto que no momento de entrar em vigor a Constituição, a greve, em todas as suas formas, estava considerada pelo Código Penal como um delito. Esta situação em princípio desfa-

4.3.2.1.5. Princípios da correção funcional e da razoabilidade. De outro lado, cumpre, ainda, referir o *princípio da correção funcional*, segundo o qual "o órgão interpretador tem de manter-se no quadro das funções a ele atribuídas; ele não deve, pela maneira e pelo resultado de sua interpretação, remover a distribuição das funções".[327]

Por fim, há de se registrar que, na linha da abordagem de Willis Santiago Guerra Filho,[328] o princípio da proporcionalidade, de origem germânica, não se confunde com o *princípio da razoabilidade*, de origem anglo-saxônica. O da razoabilidade se destina a evitar que absurdos sejam cometidos na elaboração das normas, que não devem ser arbitrárias, implausíveis ou caprichosas.

Desta forma, para que sejam reputadas *razoáveis*, as classificações normativas devem ser realizadas de forma racional, sem capricho ou arbitrariedades, afigurando-se relevantes para a decisão as condições pessoais e individuais dos sujeitos envolvidos devido à particularidade ou excepcionalidade do caso individual.[329]

---

vorável para a garantia do citado direito de greve, em todas as suas formas, estava considerada pela jurisprudência constitucional e não constitucional, que foi, pouco há pouco, quebrando a regra proibitiva geral. Mas a jurisprudência, seguindo este procedimento, tem ido mais longe no sentido da liberalização daquilo que poderia fazer a lei. A jurisprudência tem-se referido ao que tem qualificado como 'limites intrínsecos' do direito de greve, mas o Tribunal Constitucional – qualquer que seja a opinião a propósito destes limites – tem afirmado a possibilidade de que a lei, valorando os interesses públicos que justificam as restrições, seja mais rigorosa. O direito de greve existe, portanto, na constituição material como um direito do primeiro tipo (letra a), enquanto que teoricamente seria possível classificá-lo na categoria indicada por b. Os acontecimentos recentes confirmam, de outra parte, esta troca de condição. Frente às penosas condições dos serviços públicos na Itália, o problema da regulamentação do direito de greve tem se colocado uma vez mais. Sem embargo, a resposta que parece prevalecer é a da autorregulamentação pelas organizações sindicais, o que confirma a existência de um papel autônomo da lei neste âmbito. A lei poderia intervir, mas exclusivamente a fim de reconhecer em termos formais as decisões sindicais para agregá-las uma eficácia *erga omnes*. Embora certamente não se trata de um reenvio em branco, que pareceria provavelmente contrário à Constituição, o sistema de autorregulamentação confirmado pela lei, põe claramente em destaque o caráter ambíguo do direito de greve, tal como é concebido atualmente no debate jurídico" (*El Tribunal Constitucional Italiano*. In: Tribunales Constitucionales Europeos y Derechos Fundamentales. Louis Favoreu (org.). Trad. de Luis Aguiar de Luque e Maria Gracia Rubio de Casas, Madrid: Centro de Estudios Constitucionales, 1984, p. 415).

[327] HESSE, Konrad, *op. cit.*, p. 67.

[328] *Op. cit.*, p. 283.

[329] Gustavo Zagrebelsky afirma que na Itália "o Tribunal Constitucional controla de forma muito minuciosa (alguns diriam de forma demasiada) que os limites estabelecidos pela lei sejam 'razoáveis' ou bem que não sejam arbitrários ou supérfluos com referência aos interesses públicos consagrados na Constituição. Este tipo de controle tem provocado muitas reações negativas daqueles que temem a superposição das opiniões estritamente políticas ou ideológicas do juiz constitucional sobre a livre apreciação do legislador. Certamente este controle de constitucionalidade significa uma pequena barreira às limitações legislativas desses direitos" (os direitos fundamentais). "Mas esta barreira não significa em absoluto a determinação prévia da regulamentação legislativa" (*op. cit*, p. 416/417).

Nesse diapasão, quanto ao direito de greve dos trabalhadores em geral, previsto no art. 9º da Constituição de 1988, a interpretação do conceito jurídico indeterminado de "serviços ou atividades essenciais" no âmbito privado, quanto ao fim visado pela norma (atendimento das necessidades inadiáveis da comunidade), somente pode-se afigurar razoável se envolver necessidades alimentares, de saúde ou segurança, não se podendo reputar como razoável que se entenda como "serviço ou atividade essencial" a manutenção de uma força de trabalho mínima em um dentre muitos *shopping-centers* de uma grande cidade, como São Paulo.

4.3.2.2. Elementos do âmbito da norma e do âmbito do caso

Por outro lado, há, ainda, os *elementos do âmbito da norma e os elementos do âmbito do caso*, que conduzem às idéias de reserva de consistência e de reserva do possível.

4.3.2.2.1. Reserva de consistência. O resultado da interpretação, como assevera Peter Häberle, está submetido a uma *reserva de consistência*, "devendo ela, no caso singular, mostrar-se adequada e apta a fornecer justificativas diversas e variadas, ou, ainda, submeter-se a mudanças mediante alternativas racionais".[330]

Neste passo, com razão Jürgen Habermas, ao afirmar que "a crítica imanente ao positivismo jurídico, desenvolvida por Fuller até Dworkin contra as posições de Austin, Kelsen e Hart, revela que a aplicação do direito tem que contar, cada vez mais, com objetivos políticos, com fundamentações morais e com princípios.[331] Em termos luhmannianos,

---

[330] HÄBERLE, Peter. *Hermenêutica constitucional – A sociedade aberta dos intérpretes da Constituição*: Contribuição para a interpretação pluralista e 'procedimental' da Constituição. Trad. de Gilmar Ferreira Mendes, Porto Alegre: Sergio Antonio Fabris Editor, 1997, p. 42.

[331] Mas aqui há de se levar em conta argumentos de princípio, e não meramente argumentos políticos, como ressalta Ronald Dworkin ao afirmar que "a doutrina exige uma *coerência expressa*. Mas esta coerência é relativamente débil quando há diretrizes políticas em jogo. (...) As decisões judiciais são decisões políticas, pelo menos no sentido amplo que interessa à doutrina da responsabilidade política. Se a tese dos direitos é válida, a distinção que acabamos de estabelecer explicaria, de maneira geral pelo menos, a preocupação especial que mostram os juízes tanto pelos precedentes quanto pelos exemplos hipotéticos. Um argumento de princípio pode servir de justificação para uma decisão determinada, amparada na doutrina da responsabilidade, somente se puder demonstrar que o princípio citado é *coerente* com decisões anteriores que não tenham sido modificadas, e com decisões que a instituição está disposta a tomar nas circunstâncias hipotéticas. Não é muito surpreendente que assim seja, mas o argumento não seria válido se os juízes baseassem suas decisões em argumentos políticos. (...) *coerência* aqui se refere à coerência na aplicação do princípio do qual se trata, não simplesmente na aplicação da norma particular que se anuncia em nome de tal princípio" (*Los derechos em serio*. Trad. de Marta Guatavino. 3. reim-

isso significa que, no código jurídico, se introduzem conteúdos do código moral e do código de poder; neste sentido, o sistema jurídico não é 'fechado'".[332]

Ademais, de acordo com Friedrich Müller, "a ligação a ser feita com o trabalho sociológico no sentido amplo do termo, a utilização de dados da sociologia, da ciência política, da economia e de outros dados exigidos pelo âmbito normativo da prescrição concretizanda, no processo de aplicação do direito, coloca-se primacialmente para os juristas como uma tarefa".[333]

Assim sendo, além do elemento textual, as interpretações normativas devem também levar em conta os valores e os fatos envolvidos no processo interpretativo, devendo o julgador valer-se amplamente de dados empíricos fornecidos por ciências não-jurídicas,[334] desde que relevantes na ótica já mencionada de Friedrich Müller, devendo estes dados ostentarem aptidão para conferirem legitimidade ao resultado da interpretação[335] a fim de testar a consistência das premissas eleitas na argumentação.[336] Em última análise, o recurso a elementos não-textuais conferirá racionalidade ao resultado da interpretação, desde que, por um lado, viabilize a apreensão adequada e completa do contexto relevante

---

pressão, Barcelona: Editorial Ariel, 1997, p. 155/156). Neste passo, cumpre esclarecer que, na ótica de Ronald Dworkin, argumentos de princípio se propõem a estabelecer direitos individuais, consubstanciando proposições que descrevem direitos, razão pela qual um direito político seria uma finalidade política individualizada; ao passo que argumentos políticos se propõem a estabelecer objetivos coletivos, consubstanciando proposições que descrevem objetivos, razão pela qual um objetivo político seria uma finalidade política não individualizada (*op. cit.*, p. 158).

332 HABERMAS, Jürgen. *Direito e Democracia entre facticidade e validade*. Trad. de Flávio Beno Siebeneichler. Vol. II, Rio de Janeiro: Tempo Brasileiro, 1997, p. 229.

333 *Op. cit.*, p. 90.

334 Quanto à noção de "fatos legislativos" à luz da experiência germânica, Gilmar Ferreira Mendes aborda a obra de Klaus Jürgen Philippi, asseverando que "mesmo no chamado controle abstrato de normas não se procede a um simples contraste entre disposição do direito ordinário e os princípios constitucionais. Ao revés, também aqui fica evidente que se aprecia a relação entre a lei e o problema que se lhe apresenta em face do parâmetro constitucional. Em outros termos, a aferição dos chamados fatos legislativos constitui parte essencial do chamado controle de constitucionalidade, de modo que a verificação desses fatos relaciona-se íntima e indissociavelmente com a própria competência do Tribunal", referindo-se aqui á Corte Constitucional (Controle de Constitucionalidade: hermenêutica constitucional e revisão de fatos e prognoses legislativos pelo órgão judicial. *Revista de Direito Constitucional e Internacional* 31: 100/101).

335 De acordo com Jürgen Habermas, "Klaus Günther demonstrou que a razão prática se faz valer, em contextos de fundamentação de normas, por intermédio de um exame da *possibilidade de universalização* de interesses, e em contextos de aplicação de normas, por meio da apreensão *adequada* e *completa* de contextos relevantes à luz de regras concorrentes" (*op. cit.*, p. 246).

336 Conforme Peter Häberle (*op. cit.*, p. 42), Jürgen Habermas, em sua obra *A crise de legitimação do capitalismo tardio*, teria sido o primeiro doutrinador a dar este enfoque à consistência das premissas utilizadas no processo interpretativo, o que pode ser confirmado pelo exame, sobretudo, da p. 134 da 2. ed., Trad. por Vamireh Chacon, Rio de Janeiro: Tempo Brasileiro, 1994.

A aplicabilidade e a concretização das normas constitucionais

para a solução do caso submetido à concretização jurisdicional e que, por outro lado, preserve a unidade da Constituição.[337]

A reserva de consistência não reconduz, porém, à idéia de decisão judicial como decisão política, pois a determinação do sentido e do alcance das normas pressupõe o exame dessa tripla dimensionalidade (fato, valor e norma).

Nesse sentido, a interpretação do conceito jurídico indeterminado de "juros reais" contido na redação original do § 3º do art. 192 da Constituição Federal de 1988[338] parece não poder prescindir do recurso ao elemento econômico,[339] segundo o qual o referido conceito deveria corresponder à noção de "taxa de juros acima do custo do dinheiro". Isso porque o custo do dinheiro é determinado por variantes de mercado absolutamente cambiantes no tempo e no espaço, dado concreto que não pode ser relegado a segundo plano pelo intérprete e concretizador da norma.[340] Ademais, a identificação da noção de "juros reais" com a idéia de "juros acima do custo do dinheiro" não se choca com os princípios constitucionais da livre concorrência (art. 170, inciso IV) e do livre exercício de qualquer atividade econômica (art. 170, parágrafo único).[341]

---

[337] Cabe a esta altura ressaltar que o recurso a elementos não-textuais, desde que observadas essas duas ressalvas, não reconduz o processo interpretativo ao âmbito da teoria material ou decisionista legal preconizada por Carl Schmitt (teoria que se submete à suspeita de parcialidade ideológica), tendo em vista a legitimidade das decisões vinculantes a que se reporta Jürgen Habermas (In: A crise de legitimação do capitalismo tardio, p. 129), pois o resultado dessa interpretação pode justificar-se e defender-se de forma racional contra a crítica de parcialidade.

[338] Repisando, o § 3º do art. 192 da CF/88 foi revogado pela Emenda Constitucional nº 40/2003.

[339] Aliás, ao analisar o tópico "'reserva de consistência' das interpretações judiciais", Sérgio Fernando Moro assevera que, "como o juiz não pode permanecer alheio às conseqüências de suas decisões, teria, inclusive, de verificar os reflexos de sua decisão para a economia do país" (*Desenvolvimento e Efetivação Judicial das Normas Constitucionais*. São Paulo: Max Limonad, 2001, p. 103).

[340] Ao proferir seu voto divergente no julgamento da ADIN nº 4-7/600 (1991), o Ministro Paulo Brossard de Souza Pinto, no item 35 de seu voto, registra que se o Tesouro é o grande tomador de recursos no mercado, comandando a taxa de juros; ao Tesouro caberia, atendendo à regra imperativa do disposto no § 3º do art. 192 da CF/88, hoje revogado, conter o custo de captação do dinheiro pelos bancos a 12% (doze por cento) ao ano de forma a viabilizar a conservação do patrimônio das instituições financeiras, mas sem usura.

[341] Embora atualmente o disposto no § 3º do art. 192 da CF/88 esteja revogado, a título ilustrativo incumbe registrar que no ano de 2005, apenas diante das decisões do COPOM adotadas até março de 2005, inclusive, o próprio Banco Central já impôs ao mercado uma taxa de juros reais "mínima" equivalente a 12,7% ao ano, pois o mercado entende como taxa de juros reais exatamente a diferença entre a taxa básica (SELIC) (19,25%) e a inflação do IPCA projetada para o fim do ano (5,77%) [veja-se sobre a taxa de juros reais o relatório de março de 2005 da GRC visão (globalinvest.com.br/grcvisao) e a reportagem do Jornal Zero Hora de 17.03.2005, p. 18] . Essa taxa de juros reais aqui rotulada de "mínima" é uma taxa de juros reais do cenário macroeconômico, podendo-se visualizar a nível contratual que a taxa de juros reais para o contrato corresponde à diferença entre essa taxa de juros reais "mínima" do cenário macroeconômico (12,7% ao ano, cf.

4.3.2.2.2. Reserva do possível. Sob outro enfoque da reserva de consistência, o resultado da interpretação submete-se, ainda, a uma *reserva do possível* no que diz respeito à concretização de direitos relativos a prestações materiais, estatais ou privadas.[342]

Daí por que, além do elemento textual, as interpretações normativas devem também levar em conta se para a fruição do direito existem meios materiais imediatamente disponíveis, havendo recursos destinados para tal fim, que, no âmbito de prestações estatais, podem ser viabilizados por meio de orçamento público ou de outras vias, como compensações ambientais.

Sobre a reserva do possível também lecionam José Carlos Vieira de Andrade (*Os direitos fundamentais na Constituição Portuguesa de 1976*, 2. ed., Coimbra: Livraria Almedina, 2001, p. 185 e segs.), Ingo Wolfgang Sarlet (*op. cit.*, p. 259 e segs.) e Gilmar Ferreira Mendes (*A doutrina constitucional e o controle de constitucionalidade como garantia da cidadania – necessidade de desenvolvimento de novas técnicas de decisão: possibilidade de declaração de inconstitucionalidade sem a pronúncia de nulidade no direito brasileiro*, Cadernos de Direito Tributário e Finanças Públicas 3: 21-43, 1993, p. 28), que nos traz a origem da reserva do possível no Direito alemão como a *reserva do financeiramente possível*, enfatizando que "a Corte Constitucional alemã reconheceu, na famosa decisão sobre *numerus clausus* de vagas nas Universidades (*numerus clausus Entscheidung*), que pretensões destinadas a criar os pressupostos fáticos necessários para o exercício de determinado direito estão submetidas à 'reserva do possível' (*Vorbeahlt des Möglichen*)".

No caso do exemplo dado anteriormente, quanto ao disposto no art. 40, § 5º, da Constituição Federal de 1988, no que tange ao direito a pensão por morte com proventos em valor correspondente à totalidade dos vencimentos ou proventos do servidor falecido, embora não tenha

---

projeções para 2005) e a taxa de juros global anual praticada no contrato. Aliás, há de ser salientado que as decisões do COPOM, que é um Comitê de Política Monetária composto por membros da Diretoria do Banco Central, sofrem uma forte influência do mercado externo, especialmente do FMI, pois um dos objetivos do COPOM é exatamente cumprir as metas de inflação definidas pelo Conselho Monetário Nacional.

342 Quando se trata da *reserva do possível* como outro enfoque da *reserva de consistência*, se pretende incorporar a idéia de Sérgio Fernando Moro (*op. cit.*, p. 98), segundo a qual "a reserva do possível constitui, portanto, severo obstáculo para o desenvolvimento e efetivação judicial dos direitos a prestações materiais, estatais ou privadas. Não se trata, contudo, de barreira instransponível. O Judiciário, por óbvio, não poderá tornar viável o inviável, o que leva, em última análise, ao problema da reserva de consistência. Não sem dificuldades e mediante recurso a dados empíricos, é possível verificar quais prestações materiais, e em que grau, são de possível atendimento".

havido aumento de contribuição simultâneo ao advento da nova Carta, certo é que, ao se aposentar, os servidores públicos já tinham direito a proventos integrais, o que torna possível a extensão de proventos integrais a subseqüentes e derivadas pensões por morte, pois, nesse particular, não se pode cogitar da ausência de meios materiais imediatamente disponíveis.

Andreas J. Krell faz uma crítica à acepção da "reserva do possível" segundo a qual as decisões sobre a disponibilidade de recursos e sobre orçamento caberiam ao Governo e ao Congresso e acaba propondo que se os recursos não são suficientes para todos nas áreas mais essenciais (vida, integridade física e saúde), que então se deveria retirar de outras áreas.[343]

Embora sob o ponto de vista sociológico essa posição de Andreas J. Krell seja bastante tentadora, sob o ponto de vista jurídico parece difícil sustentá-la integralmente, pois nós vivemos num sistema jurídico onde as competências estão bem delimitadas, não cabendo ao Judiciário mexer em questões de orçamento. No entanto, essa crítica pode ser superada de outros modos, nos quais o Judiciário não mexeria exatamente em questões de orçamento (hipótese em que estaria obtendo recursos indisponíveis), mas, dentro de certos limites, reordenaria alguns recursos disponíveis conforme prioridades constitucionalmente postas, mexendo, por exemplo, com compensações ambientais dentro de uma mesma eco-região ou mexendo com o cronograma de obras e recursos de determinada via sob concessão pública (pedágio).

4.3.2.3. Elementos dogmáticos: jurisprudência e doutrina

Por fim, existem, ainda, os *elementos dogmáticos*, que abrangem a *jurisprudência* e a *doutrina*, e que acabam servindo como elementos auxiliares na seleção dos argumentos relevantes, salvo nas hipóteses de "decisão" com força vinculante, como, no Brasil, em se tratando de Ações Diretas de Inconstitucionalidade, com força vinculante para todos os magistrados do país, e de Súmulas.

Ao fim e ao cabo, os limites referidos na presente obra, formais e materiais, e aqueles outros que eventualmente não foram mencionados ensejam sozinhos, um mais profundo desenvolvimento em uma obra mais específica.

---

[343] KRELL, Andreas J. *Direitos sociais e controle judicial no Brasil e na Alemanha*, Porto Alegre: Sérgio Antonio Fabris, 2002.

Conclusão

Partindo da idéia de que a eficácia das normas apresenta três dimensões, eficaz juridicamente é a norma apta a produzir efeitos jurídicos e ser aplicada a casos concretos; eficaz socialmente (efetiva) é a norma realmente observada no plano dos fatos; e legítima (com eficácia valorativa) é a norma com conteúdo conforme os princípios de justiça e aqueles que orientam a sua aplicação no sistema normativo em que se insere.

Considerando que toda norma é dotada de eficácia jurídica, ainda que como limite negativo à atividade legislativa sobre o conteúdo da norma (eficácia negativa), toda norma é também dotada de aplicabilidade jurídica, ou seja, de aptidão para ser aplicada a casos concretos, ainda que meramente no sentido negativo.

Quanto ao grau de eficácia jurídica, existem, basicamente, dois critérios relevantes para o enquadramento das normas constitucionais: o primeiro relativo à suficiência e o segundo concernente à completude.

A suficiência da norma envolve a sua aptidão para a produção imediata dos seus efeitos essenciais, assim compreendidos aqueles atinentes à disciplina de relações e situações da vida real, isto é, dos efeitos especificamente visados, dos valores-fim visados, guardando relação com a aplicabilidade direta ou indireta da norma.

A completude da norma envolve dois aspectos interdependentes. O primeiro diz respeito à independência ou dependência de legislação futura, quanto à aptidão da norma para a produção dos seus efeitos essenciais de forma independente ou dependente de legislação futura, guardando relação com a aplicabilidade imediata ou mediata da norma. E o segundo aspecto diz respeito à densidade (dimensão eficacial da norma), quanto à aptidão da norma para a produção dos seus efeitos essenciais hoje e sempre, guardando relação com a aplicabilidade integral – integral, mas restringível – e limitada.

Levando em conta a existência de normas constitucionais que, embora tenham aplicabilidade direta a situações e relações da vida real, bem como tenham aplicabilidade imediata sobre essas situações e relações, ostentam aplicabilidade integral, mas restringível, com eficácia normativa suscetível de contenção dentro de certos limites, as normas constitucionais de eficácia contida parecem apresentar autonomia normativa bastante à sustentação de uma classificação tripartite das normas constitucionais segundo o seu grau de eficácia, o que, do ponto de vista prático, na classificação de José Afonso da Silva, diminui o risco de enquadramento de normas de aplicabilidade direta e imediata (especialmente as normas de eficácia contida) dentre normas de aplicabilidade indireta e mediata (normas de eficácia limitada).

As normas constitucionais de eficácia contida podem contemplar conceitos jurídicos indeterminados, o que não significa que a norma não ostente aplicabilidade direta e imediata, mas, sim. que a norma tem aplicabilidade integral, mas restringível. A presença de conceitos jurídicos indeterminados provoca a abertura de um espaço maior para a concretização jurisdicional.

A concretização jurisdicional das normas caracteriza uma das faces do fenômeno interpretativo por abranger a sua aplicabilidade a um caso concreto, de sorte que a aplicabilidade das normas constitucionais de eficácia contida dotadas de conceitos jurídicos indeterminados abre um maior espaço de jogo de significação para o intérprete, o que não afasta a sua aplicabilidade direta e imediata, mas exige um esforço maior do julgador.

A atividade de concretização jurisdicional das normas constitucionais de eficácia contida não envolve discricionariedade em sentido estrito, na medida em que o ponto de vista pessoal do julgador não vale como decisivo, inexistindo um verdadeiro espaço de livre apreciação, mesmo diante da presença de conceitos jurídicos indeterminados, visto que a norma constitucional não contempla várias alternativas passíveis de escolha a critério do julgador, com base em valorações pessoais, mas sim um certo espaço de significação dentro do qual o intérprete e aplicador do direito irá mover-se mediante atividade plenamente vinculada. Pode envolver, isto sim, discricionariedade em sentido amplo, devido à possibilidade de escolha pelo julgador entre várias interpretações possíveis.

Embora não se possa exigir que o processo de concretização jurisdicional resulte na descoberta da única interpretação correta, porque não existe uma única interpretação correta, a legitimidade da escolha do julgador dependerá da observância dos limites formais e materiais do processo de concretização, por meio dos quais se verificará se a escolha realizada foi a melhor ou não, incumbindo à jurisprudência o controle do processo de concretização jurisdicional, mediante a verificação da observância dos referidos limites e o amadurecimento das questões jurídicas num palco onde razão e sensibilidade sempre serão chamadas a atuar.

Assim sendo, cumpre salientar que, conforme descortina Calamandrei, *sentença não é apenas razão, é também sentimento*, não se podendo esquecer que o termo "sentença" vem de "sentir". Mas no processo de concretização tratado nesta obra, por "sentimento" não se deve entender sentimento pessoal, mas, sim, *sentimento das circunstâncias e contextos específicos de cada caso concreto*, sentimento este que gerará percepções que acabarão como meros "exemplos" ou servirão de fundamento para amadurecimentos jurisprudenciais, sendo indispensável ressaltar que os exemplos abordados nesta obra tiveram apenas a intenção de fomentar o debate, na medida em que os caminhos apontados configuram um dentre muitos caminhos possíveis.

Referências bibliográficas

AFONSO DA SILVA, José. *Aplicabilidade das normas constitucionais*. 3. ed., rev., ampl. e atual., São Paulo: Editora Revista dos Tribunais, 1998.

ALEXY, Robert. *Teoría de los derechos fundamentales*. Madrid: Centro de Estudios Políticos y Constitucionales, 1993.

ALFLEN DA SILVA, Kelly Susane. *Hermenêutica jurídica e concretização judicial*. Porto Alegre: Sergio Antonio Fabris Editor, 2000.

ANDRADE, José Carlos Vieira de. *Os direitos fundamentais na Constituição Portuguesa*, 2. ed., Coimbra: Livraria Almedina, 2001.

ATALIBA, Geraldo. Eficácia jurídica das normas constitucionais e leis complementares. *Revista de Direito Público* 13: 35-44, 1970.

ATIENZA, Manuel. *As razões do direito* – teorias da argumentação jurídica. Trad. de Maria Cristina Guimarães Cupertino. São Paulo: Landy, 2000.

AZZARITTI, Gaetano. *Problemi attuali di Diritto Costituzionale*. Milano: Giuffrè Editore, 1951.

BANDEIRA DE MELLO, Celso Antônio. *Discricionariedade e controle jurisdicional*. 2. ed., 4. tiragem., São Paulo: Malheiros, 2000.

——. *Curso de Direito Administrativo*. 7. ed., rev., atual. e ampl. São Paulo: Malheiros, 1995.

——. Eficácia das normas constitucionais sobre justiça social. *Revista de Direito Público* 57-58: 233-256, 1981.

BARACHO, José Alfredo de Oliveira. Teoria geral dos conceitos legais indeterminados. *Cadernos de Direito Tributário* 27: 95-107, 1999.

BARBOSA, Ruy. *Commentarios á Constituição Federal brasileira*. Vol. II. São Paulo: Livraria Acadêmica (Saraiva & Cia), 1933.

BARROSO, Luís Roberto. *O direito constitucional e a efetividade de suas normas* – limites e possibilidades da Constituição brasileira. 5. ed., ampl. e atual. Rio de Janeiro: Renovar, 2001.

BASTOS, Celso Ribeiro. *Curso de Direito Constitucional*. 21. ed., atual. São Paulo: Saraiva, 2000.

—— & BRITTO, Carlos Ayres. *Interpretação e aplicação das normas constitucionais*. São Paulo: Saraiva, 1982.

—— & MARTINS, Ives Gandra da Silva. *Comentários à Constituição do Brasil: promulgada em 5 de outubro de 1988*, São Paulo: Saraiva, 1997.

——. *Hermenêutica e interpretação constitucional*. 2. ed., rev. e ampl., São Paulo: Celso Bastos Editor: Instituto Brasileiro de Direito Constitucional (IBDC), 1999.

BEDAQUE, José Roberto Santos. Discricionariedade judicial. *Revista Forense* 354: 187-195, 2001.

BONAVIDES, Paulo. *Curso de Direito Constitucional*. 7. ed., rev., atual. e ampl. São Paulo: Malheiros, 1997.

BULOS, Uadi Lammêgo. *Mutação constitucional*. São Paulo: Saraiva, 1997.

BURDEAU, Georges. *Droit Constitutionnel et institutions politiques*. 19. ed., Paris: Librairie Générale de Droit et de Jurisprudence (L.G.D.J.), 1980.

——; TROPER, Michel & HAMON, Francis. *Droit Constitutionnel*. 26. ed. Paris: Librairie Générale de Droit et de Jurisprudence (L.G.D.J.), 1999.

CANOTILHO, José Joaquim Gomes. *Direito Constitucional e Teoria da Constituição*. Coimbra: Livraria Almedina, 1997.

——. *Constituição dirigente e vinculação do legislador* – contributo para a compreensão das normas constitucionais programáticas. Coimbra: Coimbra Editora, 1994.

——. Rever ou romper com a Constituição Dirigente? Defesa de um constitucionalismo moralmente reflexivo. *Cadernos de Direito Constitucional e Ciência Política* 15: 07-17, 1996.

CAPPELLETTI, Mauro. *Juízes legisladores?* Trad. de Carlos Alberto Alvaro de Oliveira. Reimpressão. Porto Alegre: Sergio Antonio Fabris Editor, 1999.

CHIARELLI, Giuseppe. *Elasticitá della Costituzione*. In: Studi di diritto costituzionale in memoria di Luigi Rossi. Milão: Dott. A. Giuffrè, 1952.

CLÈVE, Clèmerson Merlin. *A fiscalização abstrata da constitucionalidade no direito brasileiro*. 2 ed., rev., atual. e ampl., São Paulo: Editora Revista dos Tribunais, 2000.

COELHO, Inocêncio Mártires. *Interpretação constitucional*. Porto Alegre: Sergio Antonio Fabris Editor, 1997.

CRISAFULLI, Vezio. *La costituzione e le sue disposizioni di principio*. Milano: Giuffré Editore, 1952.

DÍEZ-PICAZO, Luis María. *Temas básicos de Derecho Constitucional*. Manuel Aragón Reyes (coord.). Tomo I. Madrid: Civitas, 2001.

DINIZ, Maria Helena. *Norma constitucional e seus efeitos*. 4. ed., atual. São Paulo: Saraiva, 1998.

DWORKIN, Ronald. *Los derechos en serio*. Trad. de Marta Guastavino. 3. reimpressão, Barcelona: Editorial Ariel, 1997.

ENGISCH, Karl. *Introdução ao pensamento jurídico*. 7. ed. Lisboa: Fundação Calouste Gulbenkian, 1986.

ENTERRÍA, Eduardo García de & FERNANDÉZ, Tomás-Ramon. *Curso de Direito Administrativo*. Trad. de Arnaldo Setti, com a colaboração de Almudena Marín López e Elaine Alves Rodrigues. São Paulo: Ed. Revista dos Tribunais, 1990.

ENTERRÍA, Eduardo García de. *La lucha contra las inmunidades del poder*. 3. ed. Madrid: Civitas, 1983.

——. *La Constitucion como norma y el Tribunal Constitucional*. 3. ed. Madrid: Civitas, 1985.

FERRARI, Regina Maria Macedo Nery. *Efeitos da declaração de inconstitucionalidade*. 4. ed., rev., atual. e ampl. São Paulo: Editora Revista dos Tribunais, 1999.

FERRAZ, Anna Cândida da Cunha. *Processos Informais de mudança da Constituição* – mutações constitucionais e mutações inconstitucionais. São Paulo: Max Limonad, 1986.

FERRAZ JÚNIOR, Tércio Sampaio. *Teoria da norma* – ensaio de pragmática e comunicação normativa. 3. ed. Rio de Janeiro: Forense, 1997.

FERREIRA, Luís Pinto. *Enciclopedia Saraiva do Direito*. Vol. 30. Verbete "eficácia". São Paulo: Saraiva, 1979.

FERREIRA FILHO, Manoel Gonçalves. A aplicação imediata das normas definidoras de direitos e garantias fundamentais. *Revista da Procuradoria Geral do Estado de São Paulo* 29:39, 1988.

———. *A aplicabilidade das normas constitucionais*. In: Antologia luso-brasileira de Direito Constitucional. Paulo Lopo Saraiva (coord.). Brasília: Liv. e Edit. Brasília Jurídica, 1996.

FREITAS, Juarez. *A interpretação sistemática do direito*. São Paulo: Malheiros, 1995.

———. *Estudos de direito administrativo*. 2. ed., rev. e ampl. São Paulo: Malheiros, 1997.

———. *O intérprete e o poder de dar vida à Constituição* – preceitos de exegese constitucional. In: Direito Constitucional – estudos em homenagem a Paulo Bonavides. Eros Roberto Grau & Willis Santiago Guerra Filho (org.). São Paulo: Malheiros, 2001.

———. Repensando a contribuição de Hans Kelsen à teoria geral do direito, *Veritas* 38: 441-449, 1993.

GADAMER, Hans-George. *Verdad y Método*. Trad. de Ana Agud Aparicio Y Rafael de Agapino. Salamanca: Sígueme, 1977.

GOMES, Luiz Flávio. *A dimensão da magistratura no Estado Constitucional e Democrático de Direito*. São Paulo: Editora Revista dos Tribunais, 1997.

GORDILLO, Agustín. *Princípios gerais de direito público*. Trad. de Marco Aurélio Greco e revisão de Reilda Meira. São Paulo: Ed. Revista dos Tribunais, 1977.

GRAU, Eros Roberto. *Direitos, conceitos e normas jurídicas*. São Paulo: Editora Revista dos Tribunais, 1988.

———. *A ordem econômica na Constituição de 1988* – interpretação e crítica. São Paulo: Editora Revista dos Tribunais, 1990.

GUERRA FILHO, Willis Santiago. *Princício da proporcionalidade e teoria do direito*. In: Direito Constitucional – estudos em homenagem a Paulo Bonavides. Eros Roberto Grau & Willis Santiago Guerra Filho (org.). São Paulo: Malheiros, 2001.

HÄBERLE, Peter. *Hermenêutica constitucional – A sociedade aberta dos intérpretes da Constituição:* contribuição para a interpretação pluralista e "procedimental" da Constituição. Trad. de Gilmar Ferreira Mendes. Porto Alegre: Sergio Antonio Fabris Editor, 1997.

HABERMAS, Jürgen. *Direito e democracia entre facticidade e validade*. Trad. de Flávio Beno Siebeneichler. Vol.ume II. Rio de Janeiro: Tempo Brasileiro, 1997.

———. *A crise de legitimação do capitalismo tardio*. Trad. de Vamireh Chacon. 2. ed. Rio de Janeiro: Tempo Brasileiro, 1994.

HECK, Luís Afonso. O modelo das regras e o modelo dos princípios na colisão de direitos fundamentais. *Revista dos Tribunais* 781:71-78, 2000.

HESSE, Konrad. *A força normativa da Constituição*. Trad. de Gilmar Ferreira Mendes. Porto Alegre: Sergio Antonio Fabris Editor, 1991.

————. *Escritos de derecho constitucional* – La Interpretacion Constitucional. Madrid: Centro de Estudios Constitucionales, 1983.

————. *Elementos de direito constitucional da República Federal da Alemanha*. Trad. (da 20. ed. alemã) de Luís Afonso Heck. Porto Alegre: Sergio Antonio Fabris Editor, 1998.

JUNG, Carl Gustav. *O homem e seus símbolos*. Trad. de Maria Lúcia Pinho. Rio de Janeiro: Ed. Nova Fronteira, 1964.

KELSEN, Hans. *Teoria Pura do Direito*, trad. por João Baptista Machado, 6. ed. São Paulo: Martins Fontes, 1998.

KRELL, Andreas J. *Direitos sociais e controle judicial no Brasil e na Alemanha*, Porto Alegre: Sérgio Antonio Fabris, 2002.

LARENZ, Karl. *Metodologia da ciência do direito*. Trad. de José Lamego. 3. ed. Lisboa: Fundação Calouste Gulbenkian, 1997.

LASSALLE, Ferdinand. *O que é uma Constituição?* Trad. de Hiltomar Martins de Oliveira. Belo Horizonte: Editora Líder, 2001.

LEAL, Vitor Nunes. Leis complementares da Constituição. *Revista de Direito Administrativo* 7: 379-395, 1947.

MAURER, Hartmut. *Droit Administratif Allemand*. Trad. de Michel Fromont. Paris: Librairie Générale de Droit et de Jurisprudence (L.G.D.J.), 1994.

————. *Elementos de Direito Administrativo alemão*. Trad. de Luís Afonso Heck. Porto Alegre: Sergio Antonio Fabris Editor, 2001.

MAXIMILIANO, Carlos. *Commentarios á Constituição Brasileira*. Rio de Janeiro: Jacinto Ribeiro dos Santos Editor, 1918.

MEIRELLES TEIXEIRA, José Horácio. *Curso de Direito Constitucional*. Org. e atual. por Maria Garcia. São Paulo: Forense Universitária, 1991.

MELLO, Marcos Bernardes de. *Teoria do fato jurídico: plano da eficácia*, 1ª parte, 2. ed., rev., São Paulo: Saraiva, 2004.

MENDES, Gilmar Ferreira. Controle de constitucionalidade – hermenêutica constitucional e revisão de fatos e prognoses legislativos pelo órgão judicial. *Revista de Direito Constitucional e Internacional* 31:90-108, 2001.

————. *A doutrina constitucional e o controle de constitucionalidade como garantia de cidadania – necessidade de desenvolvimento de novas técnicas de decisão: possibilidade da declaração de inconstitucionalidade sem a pronúncia de nulidade no direito brasileiro*, Cadernos de Direito Tributário e Finanças Públicas 3: 21-43, 1993.

MIRANDA, Jorge. *Manual de Direito Constitucional*. Tomo II, 3. ed., reimp. Coimbra: Coimbra Editora, 1996.

————. Direitos fundamentais e interpretação constitucional. *Revista do Tribunal Regional Federal da 4ª Região* 30:23-34, 1998.

MIRANDA, Pontes de. *Comentários à Constituição de 1967, com a Emenda nº 1, de 1969*. Tomo I. 2. ed., rev. São Paulo: Editora Revista dos Tribunais, 1970.

MORO, Sérgio Fernando. *Desenvolvimento e efetivação judicial das normas constitucionais*. São Paulo: Max Limonad, 2001.

MÜLLER, Friedrich. *Direito, linguagem, violência* – elementos de uma teoria constitucional. Trad. de Peter Naumann. Porto Alegre: Sergio Antonio Fabris Editor, 1995.

————. *Métodos de trabalho do Direito Constitucional*. Trad. de Peter Naumann. 2. ed., rev. São Paulo: Max Limonad, 2000.

NATOLI, Ugo. *Limiti costituzionali dell'autonomia privata nel rapporto di lavoro.* Milão: Dott. A. Giuffrè, 1955.

NEVES, A. Castanheira. *Metodologia jurídica* – problemas fundamentais. Coimbra: Coimbra Editora, 1993.

REALE, Miguel. *Lições preliminares de direito.* 16. ed. São Paulo: Saraiva, 1988.

RUPP, Hans G. *El Tribunal Constitucional Federal Aleman.* In: Tribunales constitucionales europeos y derechos fundamentales. Louis Favoreu (org.). Trad. de Luis Aguiar de Luque e Maria Gracia Rubio de Casas. Madrid: Centro de Estudios Constitucionales, 1984.

SANTI ROMANO, *Fragmentos de un Diccionario Juridico.* Trad. de Santiago Sentís Melendo y Marino Ayerra Redín. Buenos Aires: Ediciones Jurídicas Europa-América, 1964.

SARLET, Ingo Wolfgang. *A eficácia dos direitos fundamentais.* Porto Alegre: Livraria do Advogado, 1998.

SCHÄFER, Jairo Gilberto. *Direitos fundamentais* – proteção e restrições. Porto Alegre: Livraria do Advogado, 2001.

SCHMITT, Carl. *Teoría de la Constitución.* Madrid: Alianza Universidad Textos, 1996.

SCHOLLER, Heinrich. Princípio da proporcionalidade nos Direitos Constitucional e Administrativo da Alemanha. Trad. de Ingo Wolfgang Sarlet. *Revista do Tribunal Regional Federal da 4ª Região* 38: 229-246, 2000.

STF, 1ª Turma, RE nº 221.194, Rel. Min. Ilmar Galvão, DJU 17.04.98, p. 35.

STF, 2ª Turma, RE nº 188.951, Rel. Min. Maurício Corrêa, DJU 15.09.95, p. 29.585

STF, 2ª Turma, RE nº 293.231, Rel. Min. Maurício Corrêa, DJU 01.06.2001, p. 2.040.

STF, Pleno, ADIMC nº 1.232, Rel. Min. Maurício Corrêa, DJU 26.05.95, p. 15.154.

STF, Pleno, ADIN nº 4, Rel. Min. Sydney Sanches, DJU 25.06.93, s/p.

STF, Pleno, ADIN nº 1.755-5, Rel. Min. Nelson Jobim, DJU 18.05.2001, p. 431.

STF, Pleno, ADIN nº 2.028, Rel. Min. Moreira Alves, DJU 16.06.2000, s/p.

STF, Pleno, ADIQO nº 7, Rel. Min. Celso de Mello, DJU 04.09.92, p. 14.087

STF, Pleno, AGREGMI nº 403, Rel. Min. Ilmar Galvão, DJU 30.09.94, p. 26.169.

STF, Pleno, MI nº 20, Rel. Min. Celso de Mello, DJU 22.11.96, p. 45.690.

STF, Pleno, MI nº 426, Rel. Min. Ilmar Galvão, DJU 16.02.96, p. 2.997.

STF, Pleno, RE nº 185.944, Rel. Min. Marco Aurélio, DJU 07.08.98, p. 42.

STF, Pleno, RECR nº 160.841, Rel. Min. Sepúlveda Pertence, DJU 22.09.95, p. 30.610.

STF, Pleno, RP nº 1.417, Rel. Min. Moreira Alves, DJU 15.04.88, p. 8.397.

STJ, 4ª Turma, RESP nº 169.239, Rel. Min. Barros Monteiro, DJU 19.03.2001, p. 112.

STJ, 6ª Turma, RESP nº 182.223, Rel. Min. Luiz Vicente Cernicchiaro, DJU 10.05.99, p. 234.

TARGS, 3ª CCível, AC nº 196.018.311, Rel. Juiz Gaspar Marques Batista, Revista de Jurisprudência 236:78-79, 1997.

TEMER, Michel. *Elementos de Direito Constitucional.* 11. ed., rev. e ampl. São Paulo: Malheiros, 1995.

TRF 1ª Região, 1ª Turma, AC nº 1999.01.00.89520-6, Rel. Juiz Plauto Ribeiro, DJU 28.08.2000, p. 35.

TRF 1ª Região, 2ª Turma, AG n° 1990.01.04354-2, Rel. Juiz Alves de Lima, DJU 11.06.90, p. 12.459.

TRF 2ª Região, 4ª Turma, AMS n° 95.02.28479-8, Rel. Juiz Frederico Gueirós, DJU 12.08.97, p. 61.994.

TRF 4ª Região, 1ª Turma, AG n° 1999.04.01.103736-9, Rel. Juíza Ellen Gracie Northfleet, DJU 04.10.2000, p. 98

TRF 4ª Região, 2ª Turma, AG n° 1998.04.01.011797-3, Rel. Juíza Tania Escobar, DJU 05.04.2000, p. 68.

ZAGREBELSKY, Gustavo. *Il diritto mite*. Torino: Einaudi Contemporanea, 1992.

——. *El Tribunal Constitucional Italiano*. In: Tribunales constitucionales europeos y derechos fundamentales. Louis Favoreau (org.). Trad. de Luis Aguiar de Luque e Maria Gracia Rubio de Casas. Madrid: Centro de Estudios Constitucionales, 1984.

Índice alfabético remissivo

ABERTURA   46, 55, 73, 104
APLICABILIDADE (APLICAÇÃO)
    diferida   55
    direta   28, 31, 32, 41, 42, 51, 52, 54, 63, 64, 66, 71, 72, 73, 74, 83, 92, 107, 143, 144
    imediata   28, 30, 31, 35, 41, 42, 43, 44, 52, 53, 73, 74, 75, 76, 77, 79, 80, 81, 82, 83, 87, 89, 92, 145, 144
    indireta   42, 74, 75, 76, 78, 89, 107, 144
    integral   41, 42, 53, 54, 73, 74, 75, 92, 143, 144
    imitada   35
    mediata   28, 31, 32, 42, 52, 74, 75, 87
    nem sempre integral   41, 107
    reduzida   42, 54, 74, 75
ARGUMENTOS
    de princípio   124
    políticos   124
ATUALIZAÇÃO   49, 57, 100, 101, 103, 107, 108, 109, 128

CÍRCULO HERMENÊUTICO   105

DENSIDADE   55, 60, 71, 72, 73, 74, 90, 92, 107, 143
    Destinatário da norma   30, 32, 55, 56, 59, 125, 127

EFETIVIDADE   21, 23, 56, 57, 60, 61, 71, 107, 121
EFICÁCIA
    contenção da   65, 72, 92, 144
    diferida   30, 31, 38, 52, 57, 58, 59, 64, 66, 69, 88
    direta   42, 43, 57, 63, 64, 65, 75, 80
    expansão da   23, 43, 65, 72, 81
    imediata   31, 37, 42, 51, 58, 59, 68
    indireta   31, 42
    jurídica   20, 21, 22, 23, 24, 35, 52, 57, 60, 69, 74, 91, 143
    limitada   23, 35, 37, 38, 39, 40, 41, 42, 43, 44, 49, 51, 57, 60, 64, 66, 67, 68, 69
    mediata   31, 42, 58

mínima   35, 53
negativa   22, 33, 37, 38, 40, 42, 68, 143
plena   30, 35, 37, 39, 40, 41, 42, 44, 47, 48, 50, 52, 53, 54, 57, 60, 67, 71,
                  73, 74, 75, 76, 77, 91, 92, 100, 107, 110
social   20, 21, 22, 91, 143
valorativa   20, 21, 22, 91, 143
EXECUTORIEDADE   22, 24, 65

Fenômeno de

deficiência regratória   47, 71, 72
exuberância ou superabundância normativa   47, 71, 78, 92

Lei complementar   20, 25, 27, 35, 39, 40, 76, 83, 84, 85, 86, 90
Legislação futura   30, 31, 43, 49, 68, 69, 71, 72, 73, 74, 79, 80, 92, 143
Legislador(es) positivo(s)   120, 122, 127

Método (Metódica)

científico-espiritual   104
estruturante   104, 1105, 106, 124, 125, 126
hermenêutico concretizador   104, 105, 106, 124
jurídico   104
tópico-problemático   104
Mutação constitucional   18, 21, 22, 86, 91, 123, 131

Plenitude   35, 44, 45, 53, 58, 60, 72, 91, 107

Regras jurídicas

bastantes em si   33, 34, 53
não bastantes em si   34
programáticas   34, 68

Teoria

das esferas   135
dos degraus   135
material da Constituição   15, 16, 21, 105, 140
normativa da Constituição   15, 16, 21

Vontade

de Constituição   18, 121
de poder   18
normativa   18, 22, 91, 92

Impressão:
Editora Evangraf
Rua Waldomiro Schapke, 77 - P. Alegre, RS
Fone: (51) 3336.2466 - Fax: (51) 3336.0422
E-mail: evangraf@terra.com.br

12237
36,00